HAUSGEMACHTES EISCREME REZEPTBUCH

100 EINFACHE UND LECKERE REZEPTE FÜR TRADITIONELLES SPEISEEIS UND GEFRORENEN JOGHURT

FEDERICH BECK

Alle Rechte vorbehalten.

Haftungsausschluss

Die in diesem eBook enthaltenen Informationen sollen als umfassende Sammlung von Strategien dienen, über die der Autor dieses eBooks recherchiert hat. Zusammenfassungen, Strategien, Tipps und Tricks sind nur Empfehlungen des Autors, und das Lesen dieses eBooks garantiert nicht, dass die Ergebnisse genau die Ergebnisse des Autors widerspiegeln. Der Autor des eBooks hat alle zumutbaren Anstrengungen unternommen, um den Lesern des eBooks aktuelle und genaue Informationen bereitzustellen. Der Autor und seine Mitarbeiter haften nicht für unbeabsichtigte Fehler oder Auslassungen, die möglicherweise gefunden werden. Das Material im eBook kann Informationen von Dritten enthalten. Materialien von Drittanbietern enthalten Meinungen, die von ihren Eigentümern geäußert wurden. Daher übernimmt der Autor des eBooks keine Verantwortung oder Haftung für Materialien oder Meinungen Dritter.

Das eBook ist urheberrechtlich geschützt © 2021 mit allen Rechten vorbehalten. Es ist illegal, dieses eBook ganz oder teilweise weiterzugeben, zu kopieren oder abgeleitete Werke daraus zu erstellen. Kein Teil dieses Berichts darf ohne die schriftliche ausdrückliche und unterzeichnete Genehmigung des Autors in irgendeiner Form reproduziert oder erneut übertragen werden.

INHALTSVERZEICHNIS

INHALTSVERZEICHNIS 4

EINLEITUNG 8

EIS 10

    1. Süßes Sahneeis 11
    2. Absinth & Baiser-Eiscreme 15
    3. Schwarzwälder Kirschtorte 19
    4. Eiscreme mit Käse und Guave-Marmelade 23
    5. Sahnekekse mit Pfirsichmarmelade 28
    6. Kreuzkümmel & Honig Butterscotch 32
    7. Wacholder & Lemon Curd Eis 36
    8. Schokoladen- und Whiskyeis 40
    9. Kokos-Cajeta-Eiscreme 45
    10. Root Beer Eiscreme 50
    11. Magnolia Mochi Eiscreme 54
    12. Graham Cracker Eiscreme 58
    13. Käse Graham Cracker Eiscreme 62
    14. Honig-Buttermilch-Eiscreme 66
    15. Pumpernickel-Eis 70
    16. Kolibri-Kuchen-Eiscreme 74
    17. Mango-Mango-Eiscreme 79
    18. Moonshine & Maissirup Vanillepudding 83
    19. Kirscheis des Weißen Hauses 87
    20. Yazoo Sue-Eiscreme 92
    21. Buttermilch Soft-Serve 96

VANILLEPUDDING 101

    22. Gefrorener Vanillepudding mit gesalzener Vanille 102
    23. French Toast Frozen Custard 107

52. Windbeutel & clairs Ring Cake 229
53. Kataifi-Nester 234
54. Gusseiserner Pfannkuchen 237
55. Peoria Maiskrapfen 240
56. Nordmarkt Waffeln 243
57. Süße Empanadas 246
58. Eiscreme-Brotpudding 251
59. Bananen Foster 254
60. Pochierte Früchte 257
61. J-Bars 260

COCKTAILS 264

62. Schwert im Stein 265
63. Rouge deine Knie 267
64. Dame des Sees 269

TOPPINGS 271

65. Zuckertüten 272
66. Ananas-Habanero-Marmelade 275
67. Kirsch-Hibiskus-Kompott 278
68. Maracuja Karamellsauce 280
69. Ziegenmilchkaramell 283
70. Kandierte Kürbiskerne 286
71. Vanille- und Tequila-Schlagsahne 289
72. Piloncillo karamellisierte Pekannüsse 292
73. Würzige Mangos 295
74. Mandel-Crumble-Topping 299

SONNENBECHER 302

75. Knickerbocker Herrlichkeit 303
76. Pfirsich-Melba 306
77. Cappuccino-Frappé 309
78. Geeistes Lassi 312
79. Eisschwimmer 314

24. Eierlikör Frozen Custard 112
25. Orangenblüten-Bisque-Pudding 116
26. Karamellcreme ohne Lait 121

GEFRORENER JOGHURT 126

27. Frischer Ingwer Frozen Yogurt 127
28. Frischer Pfirsich Frozen Yogurt 133
29. Isländischer Kuchen Frozen Yogurt 139

SORBET 143

30. Bellini-Sorbet 144
31. Grapefruitsorbet 147
32. Pflaumen-Sake-Sorbet 151
33. Rotes Himbeersorbet 154
34. Steinobstsorbet 157
35. Weizengras & Vinho Verde Sorbet 160

GEBACKENE EISCREME DESSERTS 164

36. Schokoladenkuchen 165
37. Lady Kuchen 169
38. Baiserkuchen 173
39. Mochi-Kuchen 178
40. Gemahlener Grieß-Pudding-Kuchen 182
41. Blechkuchen 186
42. Französische Eistörtchen 191
43. Zuckerteig 194
44. Piekies 197
45. Apfel Rhabarber Bette 200
46. Blaubeerwackelpudding 204
47. Birne & Brombeer Crisp 207
48. Bauer Haus Kekse 211
49. Süße Sahne-Shortcakes 216
50. Schokoladentrüffelkekse 219
51. Haferflocken-Creme-Sandwiches 225

80. Wassermelonen-Erdbeer-Slush 316
81. Geeister Aprikosen-Granatapfel-Smoothie 319
82. Schoko-Nuss-Eisbecher 321
83. Eiswürfel in Schokolade getaucht 323

EISKÖRPER FÜR KINDER 326

84. Gefrorene Schokobananen 327
85. Eis-Keks-Sandwich 330
86. Eisige Fruchtlöffel 333
87. Klebrige Toffee-Leckereien 336
88. Fruchtige Eiswürfel 339
89. Geeiste Fruchtpops 341
90. Eiscremecupcakes 343
91. Knusprige Joghurtformen 346

FRISCHE & FRUCHTIGE LECKEREIEN 349

92. Geeister Brombeer-Birnen-Romanoff 350
93. Pfirsich-Maracuja-Swirl-Eis 353
94. Geeiste Aprikosen-Soufflés 357
95. Apfel-Pflaumen-Parfait 361
96. Bananencreme-Eis 365
97. Tropisches Fruchtsorbet 368
98. Eisgekühlter Rhabarber-Genuss 371
99. Frisches Ingwereis 374
100. Frisches Pfirsich-Eis 377

FAZIT 380

EINLEITUNG

Eisdesserts haben Persönlichkeit zu ersparen. Gezuckerte Sahne, die langsam aus einer gefrorenen Schaufel tropft, verwandelt einen Kuchen oder eine Sauce in dem Moment, in dem sie sie berührt. Butterfettreiche Creme nimmt Duft und Geschmack auf und trägt sie an die Nase. Alles, was Eiscreme berührt, wird reicher, aromatischer und tiefer wahrgenommen. Außerdem ermutigt Eis Sie, im Moment zu sein. Es schmilzt und verändert sich jede Sekunde – man muss darauf achten, oder es verschwindet.

Auf diesen Seiten finden Sie einige solide Rezepte, die Sie immer wieder verwenden und der Jahreszeit, der Speisekarte oder Ihrer Laune anpassen. Jedes Dessert ist phänomenal in Geschmack und Textur, und jedes Rezept wurde speziell für die häusliche Küche entwickelt. Obwohl ich nicht erklären möchte, dass jedes Rezept in diesem Buch schnell und einfach ist (auch wenn es viele sind), möchte ich sagen, dass es so rationalisiert ist, wie wir es machen können, und die Ergebnisse sind die Mühe wirklich wert. Sie können sie nach oben oder unten kleiden, je nachdem, wie Sie sie servieren oder welches Eis Sie dazu servieren.

EIS

1. Süßes Sahneeis

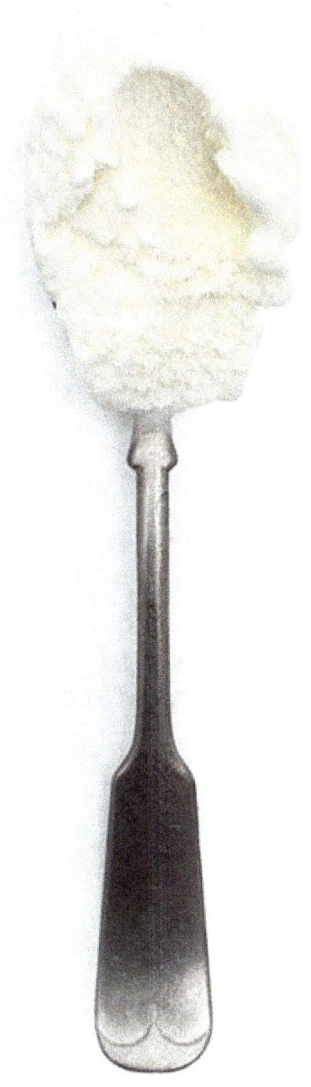

Macht ungefähr 1 Liter

Zutaten:

- 2⅔ Tassen Vollmilch
- 1 Esslöffel plus 2 Teelöffel Maisstärke
- 2 Unzen (4 Esslöffel) Frischkäse, weich
- ⅛ Teelöffel feines Meersalz
- 1½ Tassen Sahne
- ¾ Tasse Zucker
- ¼ Tasse heller Maissirup

Richtungen:

a) Etwa 2 Esslöffel Milch mit der Maisstärke in einer kleinen Schüssel zu einem glatten Brei verrühren.

b) Frischkäse und Salz in einer mittelgroßen Schüssel glatt rühren.

c) Füllen Sie eine große Schüssel mit Eis und Wasser.

d) Kochen Kombinieren Sie die restliche Milch, die Sahne, den Zucker und den

Maissirup in einem 4-Liter-Topf, bringen Sie sie bei mittlerer Hitze zum Kochen und kochen Sie sie 4 Minuten lang. Vom Herd nehmen und die Maisstärkeaufschlämmung nach und nach einrühren. Bringen Sie die Mischung bei mittlerer Hitze wieder zum Kochen und kochen Sie sie unter Rühren mit einem hitzebeständigen Spatel, bis sie leicht eingedickt ist, etwa 1 Minute. Von der Hitze nehmen.

e) Chill Die heiße Milchmischung nach und nach unter den Frischkäse rühren, bis eine glatte Masse entsteht. Gießen Sie die Mischung in einen 1-Gallonen-Ziplock-Gefrierbeutel und tauchen Sie den versiegelten Beutel in das Eisbad. Etwa 30 Minuten stehen lassen und nach Bedarf mehr Eis hinzufügen, bis es kalt ist.

f) Einfrieren Nehmen Sie den gefrorenen Behälter aus dem Gefrierschrank, bauen Sie Ihre Eismaschine zusammen und schalten Sie sie ein. Gießen Sie die Eiscremebasis in den Behälter und drehen Sie sie, bis sie dick und cremig ist.

g) Packen Sie das Eis in einen Vorratsbehälter. Drücken Sie ein Pergamentblatt direkt auf die Oberfläche und verschließen Sie es mit einem luftdichten Deckel. Frieren Sie im kältesten Teil Ihres Gefrierschranks mindestens 4 Stunden lang ein, bis sie fest sind.

h) So fügen Sie Variegates hinzu: Um Marmeladen oder Saucen in Eiscreme zu schichten, träufeln Sie zunächst einen Löffel in den Boden des Vorratsbehälters und verteilen Sie eine Schicht Eiscreme darüber. Gib noch ein paar Löffel in die Ecken der Eiscreme und füge dann eine weitere Eiscremeschicht hinzu.

i) Fahren Sie mit der Schichtung von Sauce und Eis fort, bis die gesamte Eiscreme aufgebraucht ist. Die Sauce sollte nicht die ganze Schicht bedecken.

2. Absinth & Baiser-Eiscreme

Macht ungefähr 1 Liter

Zutaten:

- 2⅔ Tassen Vollmilch
- 1 Esslöffel plus 2 Teelöffel Maisstärke
- 2 Unzen (4 Esslöffel) Frischkäse, weich
- ½ Teelöffel Matcha-Pulver
- ⅛ Teelöffel feines Meersalz
- 1½ Tassen Sahne
- ¾ Tasse Zucker
- ¼ Tasse heller Maissirup
- 1¼ Tasse Absinth, Pernod oder Pastis
- ½ Teelöffel Anis-Extrakt
- 1 Tasse zerbröckelte (ungefähr ¼-Zoll-Krümel) Baiser aus Baiserkuchen (ca. 1 Baiser) oder im Laden gekauft

Richtungen:

a) Etwa 2 Esslöffel Milch mit der Maisstärke in einer kleinen Schüssel zu einem glatten Brei verrühren.

b) Frischkäse, Matcha und Salz in einer mittelgroßen Schüssel glatt rühren.

c) Füllen Sie eine große Schüssel mit Eis und Wasser.

d) Kochen Kombinieren Sie die restliche Milch, die Sahne, den Zucker und den Maissirup in einem 4-Liter-Topf, bringen Sie sie bei mittlerer Hitze zum Kochen und kochen Sie sie 4 Minuten lang. Vom Herd nehmen und die Maisstärkeaufschlämmung nach und nach einrühren. Bringen Sie die Mischung bei mittlerer Hitze wieder zum Kochen und kochen Sie sie unter Rühren mit einem hitzebeständigen Spatel, bis sie leicht eingedickt ist, etwa 1 Minute. Von der Hitze nehmen.

e) Chill Die heiße Milchmischung nach und nach unter den Frischkäse rühren, bis eine glatte Masse entsteht. Gießen Sie die Mischung in einen 1-Gallonen-Ziplock-

Gefrierbeutel und tauchen Sie den versiegelten Beutel in das Eisbad. Etwa 30 Minuten stehen lassen und nach Bedarf mehr Eis hinzufügen, bis es kalt ist.

f) Einfrieren Nehmen Sie den gefrorenen Behälter aus dem Gefrierschrank, bauen Sie Ihre Eismaschine zusammen und schalten Sie sie ein. Gießen Sie die Eiscremebasis in den Behälter und drehen Sie sie, bis sie dick und cremig ist.

g) Packen Sie das Eis in einen Vorratsbehälter. Absinth und Anisextrakt einrühren und nach und nach die Baiserstücke untermischen. Drücken Sie ein Pergamentblatt direkt auf die Oberfläche und verschließen Sie es mit einem luftdichten Deckel. Frieren Sie im kältesten Teil Ihres Gefrierschranks ein, bis

3. Schwarzwälder Kirschtorte

Macht ungefähr 1 Liter

Zutaten:

- ⅔ Tasse ½-Zoll-Streusel
- ¼ Tasse Flüssige Schokoladensauce, gekühlt
- ½ Tasse Amarena-Kirschen
- 1¼ Tassen Sahne
- 2 Esslöffel Maisstärke
- 3 Unzen (6 Esslöffel) Frischkäse, weich
- ¼ Teelöffel feines Meersalz
- ⅔ Tasse Zucker
- 2 Esslöffel heller Maissirup
- 2 Tassen Buttermilch, Vollmilch oder 2% Milch

Richtungen:

a) Die Kuchenstreusel in eine kleine Schüssel geben, die Schokoladensauce hinzufügen und leicht schwenken, dann die Amarena-Kirschen hinzufügen und umrühren, um sie gleichmäßig zu verteilen. Frieren Sie ein, während Sie das Eis zubereiten. (Die Kuchenmischung kann bis zu 1 Monat eingefroren werden.)

b) Etwa $\frac{1}{4}$ Tasse Sahne mit der Maisstärke in einer kleinen Schüssel zu einem glatten Brei verrühren.

c) Frischkäse und Salz in einer mittelgroßen Schüssel glatt rühren.

d) Füllen Sie eine große Schüssel mit Eis und Wasser.

e) Kochen Kombinieren Sie die restliche Sahne, den Zucker und den Maissirup in einem 4-Liter-Topf, bringen Sie sie bei mittlerer Hitze zum Kochen und kochen Sie sie 4 Minuten lang. Vom Herd nehmen und die Maisstärkeaufschlämmung nach und nach einrühren. Bringen Sie die Mischung bei mittlerer Hitze zum Kochen und kochen Sie sie unter Rühren mit einem hitzebeständigen Spatel, bis sie leicht eingedickt ist, etwa 20 Sekunden. Von der Hitze nehmen.

f) Chill Die heiße Milchmischung nach und nach unter den Frischkäse rühren, bis sie glatt ist, dann die Buttermilch einrühren. Gießen Sie die Mischung in einen 1-Gallonen-Ziplock-Beutel und tauchen Sie den versiegelten Beutel in das Eisbad. Etwa 30 Minuten stehen lassen und nach Bedarf mehr Eis hinzufügen, bis es kalt ist.

g) Einfrieren Nehmen Sie den gefrorenen Behälter aus dem Gefrierschrank, bauen Sie Ihre Eismaschine zusammen und schalten Sie sie ein. Gießen Sie die Eiscremebasis in den Behälter und drehen Sie sie, bis sie dick und cremig ist.

h) Packen Sie das Eis in einen Vorratsbehälter, abwechselnd das Eis und kleine Löffel der Kuchenmischung. Drücken Sie ein Pergamentblatt direkt auf die Oberfläche und verschließen Sie es mit einem luftdichten Deckel. Frieren Sie im kältesten Teil Ihres Gefrierschranks mindestens 4 Stunden lang ein, bis sie fest sind.

4. Eiscreme mit Käse und Guave-Marmelade

Macht ungefähr 1 Liter

Zutaten:

- 2⅔ Tassen Vollmilch
- 1 Esslöffel plus 2 Teelöffel Maisstärke
- 6 Unzen (¾ Tasse) Frischkäse, weich
- ⅛ Teelöffel feines Meersalz
- 1½ Tassen Sahne
- ¾ Tasse Zucker
- ¼ Tasse heller Maissirup
- ½ Tasse Guavenmarmelade

Richtungen:

a) Etwa 2 Esslöffel Milch mit der Maisstärke in einer kleinen Schüssel zu einem glatten Brei verrühren.

b) Käse und Salz in einer mittelgroßen Schüssel glatt rühren.

c) Füllen Sie eine große Schüssel mit Eis und Wasser.

d) Kochen Kombinieren Sie die restliche Milch, die Sahne, den Zucker und den Maissirup in einem 4-Liter-Topf, bringen Sie sie bei mittlerer Hitze zum Kochen und kochen Sie sie 4 Minuten lang. Vom Herd nehmen und die Maisstärkeaufschlämmung nach und nach einrühren. Bringen Sie die Mischung bei mittlerer Hitze wieder zum Kochen und kochen Sie sie unter Rühren mit einem hitzebeständigen Spatel, bis sie leicht eingedickt ist, etwa 1 Minute. Von der Hitze nehmen.

e) Chill Nach und nach die heiße Milchmischung unter den Käse rühren, bis eine glatte Masse entsteht. Gießen Sie die Mischung in einen 1-Gallonen-Ziplock-Gefrierbeutel und tauchen Sie den versiegelten Beutel in das Eisbad. Etwa 30 Minuten stehen lassen und nach Bedarf mehr Eis hinzufügen, bis es kalt ist.

f) Einfrieren Nehmen Sie den gefrorenen Behälter aus dem Gefrierschrank, bauen Sie Ihre Eismaschine zusammen und schalten Sie sie ein. Gießen Sie den Eisboden in den gefrorenen Behälter und schleudern Sie ihn, bis er dick und cremig ist.

g) Packen Sie das Eis in einen Vorratsbehälter und schichten Sie die Marmelade nach und nach ein. Drücken Sie ein Pergamentblatt direkt auf die Oberfläche und verschließen Sie es mit einem luftdichten Deckel. Frieren Sie im kältesten Teil Ihres Gefrierschranks mindestens 4 Stunden lang ein, bis sie fest sind.

5. Sahnekekse mit Pfirsichmarmelade

Macht ungefähr 1 Liter

Zutaten:

- 1¼ Tassen Sahne
- 2 Esslöffel Maisstärke
- 3 Unzen (6 Esslöffel) Frischkäse, weich
- ¼ Teelöffel feines Meersalz
- ⅔ Tasse Zucker
- 2 Esslöffel heller Maissirup
- 2 Tassen Buttermilch, Vollmilch oder 2% Milch
- ½ Tasse zerbröckelt Süße Sahne-Shortcakes, gefrorene oder im Laden gekaufte Kekse
- ¼ Tasse Pfirsich-Marmelade, gekühlt

Richtungen:

a) Etwa ¼ Tasse Sahne mit der Maisstärke in einer kleinen Schüssel zu einem glatten Brei verrühren.

b) Frischkäse und Salz in einer mittelgroßen Schüssel glatt rühren.

c) Füllen Sie eine große Schüssel mit Eis und Wasser.

d) Kochen Kombinieren Sie die restliche Sahne, den Zucker und den Maissirup in einem 4-Liter-Topf, bringen Sie sie bei mittlerer Hitze zum Kochen und kochen Sie sie 4 Minuten lang. Vom Herd nehmen und die Maisstärkeaufschlämmung nach und nach einrühren. Bringen Sie die Mischung bei mittlerer Hitze zum Kochen und kochen Sie sie unter Rühren mit einem hitzebeständigen Spatel, bis sie leicht eingedickt ist, etwa 20 Sekunden. Von der Hitze nehmen.

e) Chill Die heiße Milchmischung nach und nach unter den Frischkäse rühren, bis eine glatte Masse entsteht. Buttermilch einrühren.

f) Gießen Sie die Mischung in einen 1-Gallonen-Ziplock-Beutel und tauchen Sie den versiegelten Beutel in das Eisbad. Etwa 30 Minuten stehen lassen und nach

Bedarf mehr Eis hinzufügen, bis es kalt ist.

g) Einfrieren Nehmen Sie den gefrorenen Behälter aus dem Gefrierschrank, bauen Sie Ihre Eismaschine zusammen und schalten Sie sie ein. Gießen Sie den Eisboden in den gefrorenen Behälter und schleudern Sie ihn, bis er dick und cremig ist.

h) Packen Sie das Eis in einen Vorratsbehälter und mischen Sie nach und nach die zerbröckelten Kekse und die Marmelade unter.

i) Drücken Sie ein Pergamentblatt direkt auf die Oberfläche und verschließen Sie es mit einem luftdichten Deckel. Frieren Sie im kältesten Teil Ihres Gefrierschranks mindestens 4 Stunden lang ein, bis sie fest sind.

6. Kreuzkümmel & Honig Butterscotch

Macht ungefähr 1 Liter

Zutaten:

- 2⅔ Tassen Vollmilch
- 1 Esslöffel plus 2 Teelöffel Maisstärke
- 2 Unzen (4 Esslöffel) Frischkäse, weich
- ¼ Teelöffel feines Meersalz
- 1 Teelöffel Kurkuma (für Farbe; optional)
- ¼ Teelöffel gemahlener Kreuzkümmel
- ½ Tasse Honig
- 1½ Tassen Sahne
- ½ Tasse) Zucker
- 4 Tropfen natürliches Butteraroma

Richtungen:

a) Etwa 2 Esslöffel Milch mit der Maisstärke in einer kleinen Schüssel zu einem glatten Brei verrühren.

b) Frischkäse, Salz, Kurkuma, falls verwendet, und Kreuzkümmel in einer mittelgroßen Schüssel glatt rühren.

c) Füllen Sie eine große Schüssel mit Eis und Wasser.

d) Erhitzen Sie den Honig in einem 4-Liter-Topf bei mittlerer Hitze, bis er zu kochen beginnt und gerade zu rauchen beginnt. Die Pfanne vom Herd nehmen und etwa $\frac{1}{4}$ Tasse Sahne einrühren. Den Rest der Sahne langsam hinzufügen und umrühren, bis sie eingearbeitet ist.

e) Restliche Milch und Zucker in die Pfanne geben, bei mittlerer Hitze aufkochen und 4 Minuten kochen lassen. Vom Herd nehmen und die Maisstärkeaufschlämmung nach und nach einrühren.

f) Bringen Sie die Mischung bei mittlerer Hitze wieder zum Kochen und kochen Sie sie unter Rühren mit einem hitzebeständigen Spatel, bis sie leicht eingedickt ist, etwa 1 Minute. Von der Hitze nehmen.

g) Chill Die heiße Milchmischung nach und nach unter den Frischkäse rühren, bis eine glatte Masse entsteht. Gießen Sie die Mischung in einen 1-Gallonen-Ziplock-Gefrierbeutel und tauchen Sie den versiegelten Beutel in das Eisbad. Etwa 30 Minuten stehen lassen und nach Bedarf mehr Eis hinzufügen, bis es kalt ist. Butteraroma einrühren.

h) Einfrieren Nehmen Sie den gefrorenen Behälter aus dem Gefrierschrank, bauen Sie Ihre Eismaschine zusammen und schalten Sie sie ein. Gießen Sie die Eiscremebasis in den Behälter und drehen Sie sie, bis sie dick und cremig ist.

i) Packen Sie das Eis in einen Vorratsbehälter. Drücken Sie ein Pergamentblatt direkt auf die Oberfläche und verschließen Sie es mit einem luftdichten Deckel. Frieren Sie im kältesten Teil Ihres Gefrierschranks mindestens 4 Stunden lang ein, bis sie fest sind.

7. Wacholder & Lemon Curd Eis

Macht ungefähr 1 Liter

Zutaten:

- 2⅔ Tassen Vollmilch
- 1 Esslöffel plus 2 Teelöffel Maisstärke
- 2 Unzen (4 Esslöffel) Frischkäse, weich
- ⅛ Teelöffel feines Meersalz
- 1½ Tassen Sahne
- ¾ Tasse Zucker
- ¼ Tasse heller Maissirup
- 1 bis 2 Tropfen ätherisches Wacholderöl
- Tasse Zitronenquark

Richtungen:

a) Etwa 2 Esslöffel Milch mit der Maisstärke in einer kleinen Schüssel zu einem glatten Brei verrühren.

b) Frischkäse und Salz in einer mittelgroßen Schüssel glatt rühren.

c) Füllen Sie eine große Schüssel mit Eis und Wasser.

d) Kochen Kombinieren Sie die restliche Milch, die Sahne, den Zucker und den Maissirup in einem 4-Liter-Topf, bringen Sie sie bei mittlerer Hitze zum Kochen und kochen Sie sie 4 Minuten lang. Vom Herd nehmen und die Maisstärkeaufschlämmung nach und nach einrühren. Bringen Sie die Mischung bei mittlerer Hitze wieder zum Kochen und kochen Sie sie unter Rühren mit einem hitzebeständigen Spatel, bis sie leicht eingedickt ist, etwa 1 Minute. Von der Hitze nehmen.

e) Chill Die heiße Milchmischung nach und nach unter den Frischkäse rühren, bis eine glatte Masse entsteht. Gießen Sie die Mischung in einen 1-Gallonen-Ziplock-Gefrierbeutel und tauchen Sie den versiegelten Beutel in das Eisbad. Etwa 30 Minuten stehen lassen und nach Bedarf mehr Eis hinzufügen, bis es kalt ist.

f) Einfrieren Nehmen Sie den gefrorenen Behälter aus dem Gefrierschrank, bauen Sie Ihre Eismaschine zusammen und schalten Sie sie ein. Gießen Sie die Eisbasis in den Behälter und fügen Sie das Wacholderöl hinzu. Schleudern, bis sie dick und cremig sind.

g) Packen Sie das Eis in einen Vorratsbehälter und schichten Sie den Lemon Curd nach und nach ein. Drücken Sie ein Pergamentblatt direkt gegen die Oberfläche und verschließen Sie es mit einem luftdichten Deckel. Frieren Sie im kältesten Teil Ihres Gefrierschranks mindestens 4 Stunden lang ein, bis sie fest sind.

8. Schokoladen- und Whiskyeis

Macht ungefähr 1 Liter

Zutaten:

Schokoladenpaste

- ½ Tasse gebrühter Kaffee (beliebige Temperatur)
- ¼ Tasse Zucker
- ⅔ Tasse in den Niederlanden verarbeitetes Kakaopulver
- 1½ Unzen ungesüßte Schokolade, fein gehackt

Eiscremebasis

- 2⅔ Tassen Vollmilch
- 1 Esslöffel plus 2 Teelöffel Maisstärke
- 2 Unzen (4 Esslöffel) Frischkäse, weich
- ⅛ Teelöffel feines Meersalz
- 1½ Tassen Sahne
- ¾ Tasse Zucker
- 3 Esslöffel heller Maissirup

- 3 EL Kümmel, leicht zerdrückt
- ½ Tasse Roggenwhisky

Richtungen:

a) Kaffee, Zucker und Kakao in einem kleinen Topf vermischen, bei mittlerer Hitze zum Kochen bringen und 30 Sekunden kochen lassen, dabei umrühren, um den Zucker aufzulösen. Vom Herd nehmen und die Schokolade hinzufügen. Einige Minuten stehen lassen, dann sehr glatt rühren.

b) Etwa 2 Esslöffel Milch mit der Maisstärke in einer kleinen Schüssel zu einem glatten Brei verrühren.

c) Frischkäse, warme Schokoladenpaste und Salz in einer mittelgroßen Schüssel glatt rühren.

d) Füllen Sie eine große Schüssel mit Eis und Wasser.

e) Kochen Kombinieren Sie die restliche Milch, die Sahne, den Zucker und den Maissirup in einem 4-Liter-Topf und bringen Sie sie bei mittlerer Hitze zum Kochen. Kümmel einrühren und 4 Minuten kochen lassen. Vom Herd nehmen und die Maisstärkeaufschlämmung nach und nach einrühren. Bringen Sie die Mischung bei mittlerer Hitze wieder zum Kochen und kochen Sie sie unter Rühren mit einem hitzebeständigen Spatel, bis sie leicht eingedickt ist, etwa 1 Minute. Von der Hitze nehmen.

f) Chill Die heiße Milchmischung nach und nach unter die Frischkäsemischung rühren, bis sie glatt ist. Whiskey einrühren. Gießen Sie die Mischung in einen 1-Gallonen-Ziplock-Gefrierbeutel und tauchen Sie den versiegelten Beutel in das Eisbad. Etwa 30 Minuten stehen lassen und nach Bedarf mehr Eis hinzufügen, bis es kalt ist.

g) Einfrieren Nehmen Sie den gefrorenen Behälter aus dem Gefrierschrank, bauen Sie Ihre Eismaschine zusammen und schalten Sie sie ein. Gießen Sie den Eisboden in den gefrorenen Behälter und schleudern Sie ihn, bis er dick und cremig ist.

h) Packen Sie das Eis in einen Vorratsbehälter. Drücken Sie ein Pergamentblatt direkt gegen die Oberfläche und verschließen Sie es mit einem luftdichten Deckel. Frieren Sie im kältesten Teil Ihres Gefrierschranks mindestens 4 Stunden lang ein, bis sie fest sind.

9. Kokos-Cajeta-Eiscreme

Macht ungefähr 1 Liter

Zutaten:

- ½ Tasse ungesüßte Kokosflocken
- 2⅔ Tassen Vollmilch
- 1 Esslöffel plus 2 Teelöffel Maisstärke
- 2 Unzen (4 Esslöffel) Frischkäse, weich
- ⅛ Teelöffel feines Meersalz
- 1½ Tassen Sahne
- ¾ Tasse Zucker
- ¼ Tasse heller Maissirup
- 2 bis 3 Tropfen Kokosextrakt (optional)
- Tasse Cajeta

Richtungen:

a) Den Backofen auf 325 °F vorheizen.

b) Die Kokosnuss auf einem Backblech verteilen. 10 Minuten rösten, dann aus dem Ofen nehmen und mit einem hitzebeständigen Spatel schwenken, dabei darauf achten, dass die Außenkanten der Kokosnuss in Richtung des inneren, weniger gerösteten Teils liegen. Verteilen und weitere 5 Minuten rösten, dann erneut schwenken. Wiederholen, bis die Kokosnuss gleichmäßig goldbraun ist und sehr duftet. Aus dem Ofen nehmen und vollständig abkühlen lassen.

c) Etwa 2 Esslöffel Milch mit der Maisstärke in einer kleinen Schüssel zu einem glatten Brei verrühren.

d) Frischkäse und Salz in einer mittelgroßen Schüssel glatt rühren.

e) Füllen Sie eine große Schüssel mit Eis und Wasser.

f) Kochen Kombinieren Sie die restliche Milch, die Sahne, den Zucker und den Maissirup in einem 4-Liter-Topf, bringen Sie sie bei mittlerer Hitze zum Kochen und kochen Sie sie 4 Minuten lang. Vom Herd nehmen und die Maisstärkeaufschlämmung nach und nach einrühren. Bringen Sie die Mischung bei mittlerer Hitze wieder zum Kochen und kochen Sie sie unter Rühren mit einem hitzebeständigen Spatel, bis sie leicht eingedickt ist, etwa 1 Minute. Von der Hitze nehmen.

g) Chill Die heiße Milchmischung nach und nach unter den Frischkäse rühren, bis eine glatte Masse entsteht. Fügen Sie den Kokosextrakt hinzu, falls verwendet. Gießen Sie die Mischung in einen 1-Gallonen-Ziplock-Gefrierbeutel und tauchen Sie den versiegelten Beutel in das Eisbad. Etwa 30 Minuten stehen lassen und nach Bedarf mehr Eis hinzufügen, bis es kalt ist.

h) Einfrieren Nehmen Sie den gefrorenen Behälter aus dem Gefrierschrank, bauen Sie Ihre Eismaschine zusammen und schalten Sie sie ein. Gießen Sie die Eiscremebasis in den Behälter und drehen Sie sie, bis sie dick und cremig ist.

i) Packen Sie das Eis in einen Vorratsbehälter, mischen Sie die geröstete Kokosnuss unter und schichten Sie die Sauce nach und nach ein. Drücken Sie ein Pergamentblatt direkt auf die Oberfläche und verschließen Sie es mit einem luftdichten Deckel. Frieren Sie im kältesten Teil Ihres Gefrierschranks mindestens 4 Stunden lang ein, bis sie fest sind.

10. Root Beer Eiscreme

Macht ungefähr 1 Liter

Zutaten:

- 2⅔ Tassen Vollmilch
- 1 Esslöffel plus 2 Teelöffel Maisstärke
- 2 Unzen (4 Esslöffel) Frischkäse, weich
- ⅛ Teelöffel feines Meersalz
- 1½ Tassen Sahne
- ¾ Tasse Zucker
- ¼ Tasse heller Maissirup
- 2 Esslöffel Root Beer Konzentrat

Richtungen:

a) Etwa 2 Esslöffel Milch mit der Maisstärke in einer kleinen Schüssel zu einem glatten Brei verrühren.

b) Frischkäse und Salz in einer mittelgroßen Schüssel glatt rühren.

c) Füllen Sie eine große Schüssel mit Eis und Wasser.

d) Kochen Kombinieren Sie die restliche Milch, die Sahne, den Zucker und den Maissirup in einem 4-Liter-Topf, bringen Sie sie bei mittlerer Hitze zum Kochen und kochen Sie sie 4 Minuten lang. Vom Herd nehmen und die Maisstärkeaufschlämmung nach und nach einrühren. Bringen Sie die Mischung bei mittlerer Hitze wieder zum Kochen und kochen Sie sie unter Rühren mit einem hitzebeständigen Spatel, bis sie leicht eingedickt ist, etwa 1 Minute. Von der Hitze nehmen.

e) Chill Die heiße Milchmischung nach und nach unter den Frischkäse rühren, bis eine glatte Masse entsteht. Fügen Sie das Wurzelbierkonzentrat hinzu. Gießen Sie die Mischung in einen 1-Gallonen-Ziplock-Gefrierbeutel und tauchen Sie den versiegelten Beutel in das Eisbad. Etwa 30 Minuten stehen lassen und nach Bedarf mehr Eis hinzufügen, bis es kalt ist.

f) Einfrieren Nehmen Sie den gefrorenen Behälter aus dem Gefrierschrank, bauen

Sie Ihre Eismaschine zusammen und schalten Sie sie ein. Gießen Sie den Eisboden in den gefrorenen Behälter und schleudern Sie ihn, bis er dick und cremig ist.

g) Packen Sie das Eis in einen Vorratsbehälter. Drücken Sie ein Pergamentblatt direkt auf die Oberfläche und verschließen Sie es mit einem luftdichten Deckel. Frieren Sie im kältesten Teil Ihres Gefrierschranks mindestens 4 Stunden lang ein, bis sie fest sind.

11. Magnolia Mochi Eiscreme

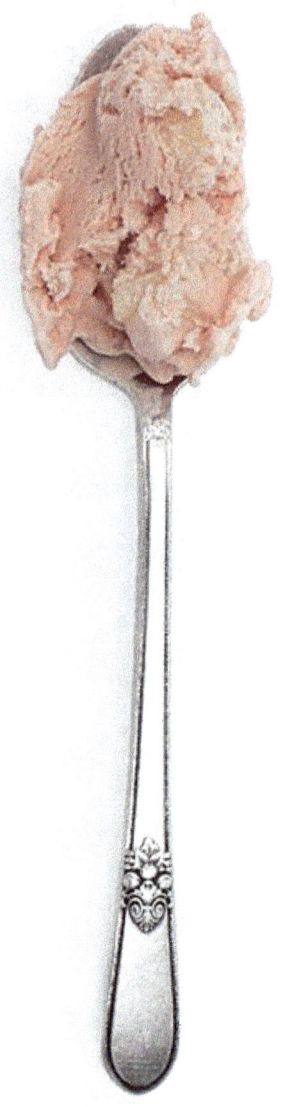

Macht ungefähr 1 Liter

Zutaten:

- 2⅔ Tassen Vollmilch
- 1 Esslöffel plus 2 Teelöffel Maisstärke
- 2 Unzen (4 Esslöffel) Frischkäse, weich
- 1 Esslöffel Rote-Bete-Pulver (für Farbe; siehe Quellen; Optional)
- ¼ Teelöffel Kurkuma (für Farbe; optional)
- ⅛ Teelöffel feines Meersalz
- 1½ Tassen Sahne
- ¾ Tasse Zucker
- ¼ Tasse heller Maissirup
- 1 bis 2 Tropfen ätherisches Magnolienöl
- ½ Tasse -Zoll-Würfel Mochi-Kuchen, gefroren

Richtungen:

a) Etwa 2 Esslöffel Milch mit der Maisstärke in einer kleinen Schüssel zu einem glatten Brei verrühren.

b) Frischkäse, Rübenpulver und ggf. Kurkuma verquirlen und in einer mittelgroßen Schüssel salzen, bis eine glatte Masse entsteht.

c) Füllen Sie eine große Schüssel mit Eis und Wasser.

d) Kochen Kombinieren Sie die restliche Milch, die Sahne, den Zucker und den Maissirup in einem 4-Liter-Topf, bringen Sie sie bei mittlerer Hitze zum Kochen und kochen Sie sie 4 Minuten lang. Vom Herd nehmen und die Maisstärkeaufschlämmung nach und nach einrühren. Bringen Sie die Mischung bei mittlerer Hitze wieder zum Kochen und kochen Sie sie unter Rühren mit einem hitzebeständigen Spatel, bis sie leicht eingedickt ist, etwa 1 Minute. Von der Hitze nehmen.

e) Chill Die heiße Milchmischung nach und nach unter den Frischkäse rühren, bis eine glatte Masse entsteht. Gießen Sie die Mischung in einen 1-Gallonen-Ziplock-Gefrierbeutel und tauchen Sie den versiegelten Beutel in das Eisbad. Etwa 30 Minuten stehen lassen und nach Bedarf mehr Eis hinzufügen, bis es kalt ist.

f) Einfrieren Nehmen Sie den gefrorenen Behälter aus dem Gefrierschrank, bauen Sie Ihre Eismaschine zusammen und schalten Sie sie ein. Gießen Sie die Eiscremebasis in den Behälter, fügen Sie das ätherische Magnolienöl hinzu und drehen Sie es, bis es dick und cremig ist.

g) Packen Sie das Eis in einen Vorratsbehälter und mischen Sie die Kuchenwürfel nach und nach unter. Drücken Sie ein Pergamentblatt direkt auf die Oberfläche und verschließen Sie es mit einem luftdichten Deckel. Frieren Sie im kältesten Teil Ihres Gefrierschranks mindestens 4 Stunden lang ein, bis sie fest sind.

12. Graham Cracker Eiscreme

Macht ungefähr 1 Liter

Zutaten:

- 2⅔ Tassen Vollmilch
- 1 Esslöffel plus 2 Teelöffel Maisstärke
- 2 Unzen (4 Esslöffel) Frischkäse, weich
- ⅛ Teelöffel feines Meersalz
- 1½ Tassen Sahne
- ¾ Tasse Zucker
- ¼ Tasse heller Maissirup
- ½ Tasse grob gehackte Graham Cracker

Richtungen:

a) Etwa 2 Esslöffel Milch mit der Maisstärke in einer kleinen Schüssel zu einem glatten Brei verrühren.

b) Frischkäse und Salz in einer mittelgroßen Schüssel glatt rühren.

c) Füllen Sie eine große Schüssel mit Eis und Wasser.

d) Kochen Kombinieren Sie die restliche Milch, die Sahne, den Zucker und den Maissirup in einem 4-Liter-Topf, bringen Sie sie bei mittlerer Hitze zum Kochen und kochen Sie sie 4 Minuten lang. Vom Herd nehmen und die Maisstärkeaufschlämmung nach und nach einrühren. Bringen Sie die Mischung bei mittlerer Hitze wieder zum Kochen und kochen Sie sie unter Rühren mit einem hitzebeständigen Spatel, bis sie leicht eingedickt ist, etwa 1 Minute. Von der Hitze nehmen.

e) Chill Die heiße Milchmischung nach und nach unter den Frischkäse rühren, bis eine glatte Masse entsteht. Fügen Sie die Cracker hinzu und lassen Sie die Mischung etwa 3 Minuten ziehen, bis sich die Cracker auflösen. Drücken Sie die Mischung durch ein Sieb, gießen Sie sie dann in einen 1-Gallonen-Ziplock-Gefrierbeutel und tauchen Sie den versiegelten Beutel in das Eisbad. Etwa 30 Minuten stehen lassen und nach

Bedarf mehr Eis hinzufügen, bis es kalt ist.

f) Einfrieren Nehmen Sie den gefrorenen Behälter aus dem Gefrierschrank, bauen Sie Ihre Eismaschine zusammen und schalten Sie sie ein. Gießen Sie den Eisboden in den gefrorenen Behälter und schleudern Sie ihn, bis er dick und cremig ist.

g) Packen Sie das Eis in einen Vorratsbehälter. Drücken Sie ein Pergamentblatt direkt auf die Oberfläche und verschließen Sie es mit einem luftdichten Deckel. Frieren Sie im kältesten Teil Ihres Gefrierschranks mindestens 4 Stunden lang ein, bis sie fest sind.

13. Käse Graham Cracker Eiscreme

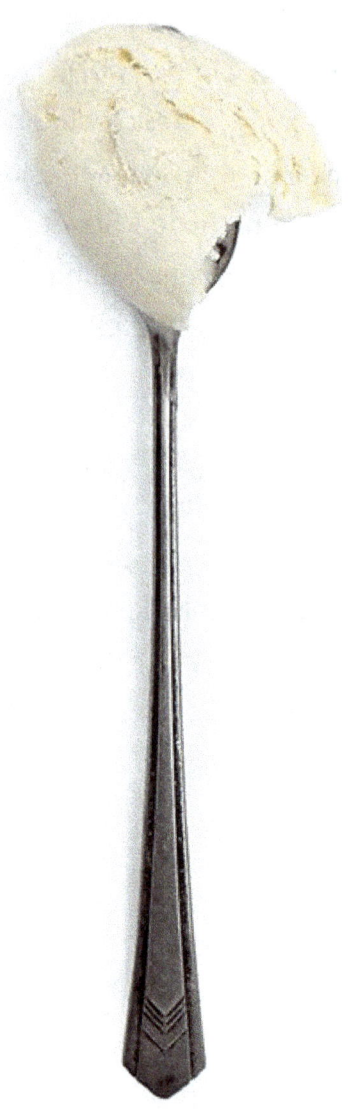

Macht ungefähr 1 Liter

Zutaten:

- 2⅔ Tassen Vollmilch
- 1 Esslöffel plus 2 Teelöffel Maisstärke
- 2 Unzen Gorgonzola Dolce
- ⅛ Teelöffel feines Meersalz
- 1½ Tassen Sahne
- ¾ Tasse Zucker
- ¼ Tasse heller Maissirup
- ½ Tasse grob gehackte Graham Cracker

Richtungen:

a) Etwa 2 Esslöffel Milch mit der Maisstärke in einer kleinen Schüssel zu einem glatten Brei verrühren.

b) Gorgonzola dolce und Salz in einer mittelgroßen Schüssel glatt rühren.

c) Füllen Sie eine große Schüssel mit Eis und Wasser.

d) Kochen Kombinieren Sie die restliche Milch, die Sahne, den Zucker und den Maissirup in einem 4-Liter-Topf, bringen Sie sie bei mittlerer Hitze zum Kochen und kochen Sie sie 4 Minuten lang. Vom Herd nehmen und die Maisstärkeaufschlämmung nach und nach einrühren. Bringen Sie die Mischung bei mittlerer Hitze wieder zum Kochen und kochen Sie sie unter Rühren mit einem hitzebeständigen Spatel, bis sie leicht eingedickt ist, etwa 1 Minute. Von der Hitze nehmen.

e) Chill Die heiße Milchmischung nach und nach unter den Frischkäse rühren, bis eine glatte Masse entsteht. Fügen Sie die Cracker hinzu und lassen Sie die Mischung etwa 3 Minuten ziehen, bis sich die Cracker auflösen. Drücken Sie die Mischung durch ein Sieb, gießen Sie sie dann in einen 1-Gallonen-Ziplock-Gefrierbeutel und tauchen Sie den versiegelten Beutel in das Eisbad. Etwa 30 Minuten stehen lassen und nach

Bedarf mehr Eis hinzufügen, bis es kalt ist.

f) Einfrieren Nehmen Sie den gefrorenen Behälter aus dem Gefrierschrank, bauen Sie Ihre Eismaschine zusammen und schalten Sie sie ein. Gießen Sie den Eisboden in den gefrorenen Behälter und schleudern Sie ihn, bis er dick und cremig ist.

g) Packen Sie das Eis in einen Vorratsbehälter. Drücken Sie ein Pergamentblatt direkt auf die Oberfläche und verschließen Sie es mit einem luftdichten Deckel. Frieren Sie im kältesten Teil Ihres Gefrierschranks mindestens 4 Stunden lang ein, bis sie fest sind.

14. Honig-Buttermilch-Eiscreme

Macht ungefähr 1 Liter

Zutaten:

- 2 Tassen Buttermilch
- 1 Esslöffel plus 2 Teelöffel Maisstärke
- 2 Unzen (4 Esslöffel) Frischkäse, weich
- $\frac{1}{4}$ Teelöffel feines Meersalz
- $\frac{1}{2}$ Teelöffel Kurkuma (für Farbe; optional)
- Prise Cayennepfeffer oder nach Geschmack
- $\frac{2}{3}$ Tasse Honig
- $1\frac{1}{2}$ Tassen Sahne
- $\frac{1}{2}$ Tasse Honig-Mais-Brot-Kies

Richtungen:

a) Etwa 2 Esslöffel Buttermilch mit der Maisstärke in einer kleinen Schüssel zu einem glatten Brei verrühren.

b) Frischkäse, Salz und Kurkuma, falls verwendet, und Cayennepfeffer in einer mittelgroßen Schüssel glatt rühren.

c) Füllen Sie eine große Schüssel mit Eis und Wasser.

d) Erhitzen Sie den Honig in einem 4-Liter-Topf bei mittlerer Hitze, bis er zu kochen beginnt und gerade zu rauchen beginnt. Die Pfanne vom Herd nehmen und etwa $\frac{1}{4}$ Tasse Sahne einrühren. Den Rest der Sahne langsam hinzufügen und umrühren, bis sie eingearbeitet ist.

e) Die restliche Buttermilch hinzufügen, bei mittlerer Hitze aufkochen und 4 Minuten kochen lassen. Vom Herd nehmen und die Maisstärkeaufschlämmung nach und nach einrühren. Bringen Sie die Mischung bei mittlerer Hitze wieder zum Kochen und kochen Sie sie unter Rühren mit einem hitzebeständigen Spatel, bis sie leicht eingedickt ist, etwa 1 Minute. Von der Hitze nehmen.

f) Chill Die heiße Milchmischung nach und nach unter den Frischkäse rühren, bis eine glatte Masse entsteht. Gießen Sie die Mischung in einen 1-Gallonen-Ziplock-

Gefrierbeutel und tauchen Sie den versiegelten Beutel in das Eisbad. Etwa 30 Minuten stehen lassen und nach Bedarf mehr Eis hinzufügen, bis es kalt ist.

g) Einfrieren Nehmen Sie den gefrorenen Behälter aus dem Gefrierschrank, bauen Sie Ihre Eismaschine zusammen und schalten Sie sie ein. Gießen Sie den Eisboden in den gefrorenen Behälter und schleudern Sie ihn, bis er dick und cremig ist.

h) Packen Sie das Eis in einen Vorratsbehälter und mischen Sie dabei den Maisbrotkies unter. Drücken Sie ein Pergamentblatt direkt auf die Oberfläche und verschließen Sie es mit einem luftdichten Deckel. Frieren Sie im kältesten Teil Ihres Gefrierschranks mindestens 4 Stunden lang ein, bis sie fest sind.

15. Pumpernickel-Eis

Macht ungefähr 1 Liter

Zutaten:

- 2⅔ Tassen Vollmilch
- 1 Esslöffel plus 2 Teelöffel Maisstärke
- 2 Unzen (4 Esslöffel) Frischkäse, weich
- ⅛ Teelöffel feines Meersalz
- 1½ Tassen Sahne
- ¾ Tasse Zucker
- 2 Esslöffel Melasse
- 2 Esslöffel heller Maissirup
- 3 bis 4 Tropfen ätherisches Kümmelöl
- ½ Tasse Pumpernickelkies

Richtungen:

a) Etwa 2 Esslöffel Milch mit der Maisstärke in einer kleinen Schüssel zu einem glatten Brei verrühren.

b) Frischkäse und Salz in einer mittelgroßen Schüssel glatt rühren.

c) Füllen Sie eine große Schüssel mit Eis und Wasser.

d) Kochen Kombinieren Sie die restliche Milch, die Sahne, den Zucker, die Melasse und den Maissirup in einem 4-Liter-Topf, bringen Sie sie bei mittlerer bis hoher Hitze zum Kochen und kochen Sie sie 4 Minuten lang. Vom Herd nehmen und die Maisstärkeaufschlämmung nach und nach einrühren. Bringen Sie die Mischung bei mittlerer Hitze wieder zum Kochen und kochen Sie sie unter Rühren mit einem hitzebeständigen Spatel, bis sie leicht eingedickt ist, etwa 1 Minute. Von der Hitze nehmen.

e) Chill Die heiße Milchmischung nach und nach unter den Frischkäse rühren, bis eine glatte Masse entsteht. Gießen Sie die Mischung in einen 1-Gallonen-Ziplock-Gefrierbeutel und tauchen Sie den versiegelten Beutel in das Eisbad. Etwa 30 Minuten stehen lassen und nach Bedarf mehr Eis hinzufügen, bis es kalt ist.

f) Einfrieren Nehmen Sie den gefrorenen Behälter aus dem Gefrierschrank, bauen Sie Ihre Eismaschine zusammen und schalten Sie sie ein. Gießen Sie den Eisboden in den Behälter, fügen Sie das Kümmelöl hinzu und schleudern Sie ihn, bis er dick und cremig ist.

g) Packen Sie das Eis in einen Vorratsbehälter und mischen Sie dabei den Pumpernickelkies unter. Drücken Sie ein Pergamentblatt direkt auf die Oberfläche und verschließen Sie es mit einem luftdichten Deckel.

h) Frieren Sie im kältesten Teil Ihres Gefrierschranks mindestens 4 Stunden lang ein, bis sie fest sind.

16. Kolibri-Kuchen-Eiscreme

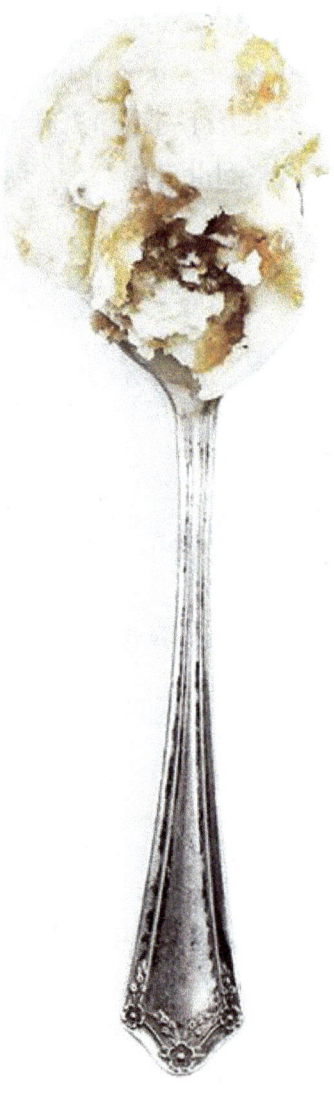

Macht ungefähr 1 Liter

Zutaten:

- ½ Tasse grob zerbröselt Lady Kuchen, gekühlt
- 3 Esslöffel Ananassauce, gekühlt
- 2 Esslöffel gehackte geröstete Pekannüsse
- 2⅔ Tassen Vollmilch
- 1 Esslöffel plus 2 Teelöffel Maisstärke
- 5 Unzen (10 Esslöffel) Frischkäse, weich
- ¼ Teelöffel gemahlener Zimt
- ⅛ Teelöffel feines Meersalz
- 1½ Tassen Sahne
- ¾ Tasse Zucker
- ¼ Tasse heller Maissirup
- 1 reife Banane
- 1 Teelöffel Vanilleextrakt

Richtungen:

a) Mischen Sie den Kuchen, die Ananassauce und die Pekannüsse in einer großen Schüssel und frieren Sie sie ein, um sie später zu verwenden.

b) Etwa 2 Esslöffel Milch mit der Maisstärke in einer kleinen Schüssel zu einem glatten Brei verrühren.

c) Frischkäse, Zimt und Salz in einer mittelgroßen Schüssel glatt rühren.

d) Füllen Sie eine große Schüssel mit Eis und Wasser.

e) Kochen Kombinieren Sie die restliche Milch, die Sahne, den Zucker und den Maissirup in einem 4-Liter-Topf, bringen Sie sie bei mittlerer Hitze zum Kochen und kochen Sie sie 4 Minuten lang. Vom Herd nehmen und die Maisstärkeaufschlämmung nach und nach einrühren. Bei mittlerer bis hoher Hitze zum Kochen bringen und unter Rühren mit einem hitzebeständigen Spatel etwa

1 Minute kochen lassen, bis sie leicht eingedickt sind. Von der Hitze nehmen.

f) Chill Die heiße Milchmischung nach und nach unter den Frischkäse rühren, bis eine glatte Masse entsteht.

g) Die Banane schälen, in Stücke schneiden und in einer Küchenmaschine pürieren, bis sie vollständig glatt ist. Das Püree in die Eiscremebasis einrühren und den Vanilleextrakt einrühren. Gießen Sie die Mischung in einen 1-Gallonen-Ziplock-Gefrierbeutel und tauchen Sie den versiegelten Beutel in das Eisbad. Etwa 30 Minuten stehen lassen und nach Bedarf mehr Eis hinzufügen, bis es kalt ist.

h) Einfrieren Nehmen Sie den gefrorenen Behälter aus dem Gefrierschrank, bauen Sie Ihre Eismaschine zusammen und schalten Sie sie ein. Gießen Sie den Eisboden in den gefrorenen Behälter und schleudern Sie ihn, bis er dick und cremig ist.

i) Schaufeln Sie das Softeis in die Kuchen-Ananas-Sauce-Pekannuss-Mischung und falten Sie es zusammen, bis es gründlich vermischt ist - arbeiten Sie schnell, damit das Eis nicht schmilzt! In einen Vorratsbehälter packen.

j) Drücken Sie ein Pergamentblatt direkt auf die Oberfläche und verschließen Sie es mit einem luftdichten Deckel. Frieren Sie im kältesten Teil Ihres Gefrierschranks mindestens 4 Stunden lang ein, bis sie fest sind.

17. Mango-Mango-Eiscreme

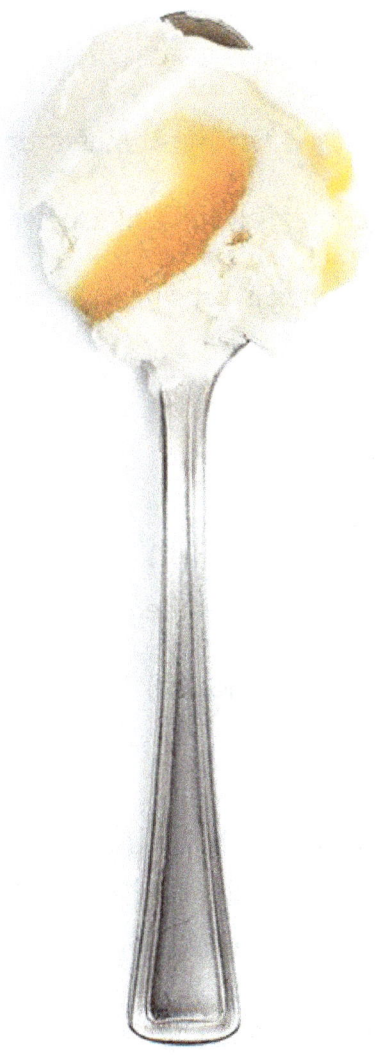

Macht ungefähr 1 Liter

Zutaten:

- 2⅔ Tassen Vollmilch
- 1 Esslöffel plus 2 Teelöffel Maisstärke
- 2 Unzen (4 Esslöffel) Frischkäse, weich
- ⅛ Teelöffel feines Meersalz
- 1½ Tassen Sahne
- ¾ Tasse Zucker
- ¼ Tasse heller Maissirup
- 1 Tasse geriebener Manchego
- ½ Tasse Mango-Marmelade

Richtungen:

a) Etwa 2 Esslöffel Milch mit der Maisstärke in einer kleinen Schüssel zu einem glatten Brei verrühren.

b) Frischkäse und Salz in einer mittelgroßen Schüssel glatt rühren.

c) Füllen Sie eine große Schüssel mit Eis und Wasser.

d) Kochen Kombinieren Sie die restliche Milch, die Sahne, den Zucker und den Maissirup in einem 4-Liter-Topf, bringen Sie sie bei mittlerer Hitze zum Kochen und kochen Sie sie 4 Minuten lang. Vom Herd nehmen und nach und nach die Maisstärkeaufschlämmung und den Manchego einrühren. Bringen Sie die Mischung bei mittlerer Hitze wieder zum Kochen und kochen Sie sie unter Rühren mit einem hitzebeständigen Spatel, bis sie leicht eingedickt ist, etwa 1 Minute. Von der Hitze nehmen.

e) Chill Die heiße Milchmischung nach und nach unter den Frischkäse rühren, bis eine glatte Masse entsteht. Gießen Sie die Mischung in einen 1-Gallonen-Ziplock-Gefrierbeutel und tauchen Sie den versiegelten Beutel in das Eisbad. Etwa 30 Minuten stehen lassen und nach Bedarf mehr Eis hinzufügen, bis es kalt ist.

f) Einfrieren Nehmen Sie den gefrorenen Behälter aus dem Gefrierschrank, bauen Sie Ihre Eismaschine zusammen und schalten Sie sie ein. Gießen Sie die Eiscremebasis in den Behälter und drehen Sie sie, bis sie dick und cremig ist.

g) Packen Sie das Eis in einen Vorratsbehälter und schichten Sie die Marmelade nach und nach ein. Drücken Sie ein Pergamentblatt direkt auf die Oberfläche und verschließen Sie es mit einem luftdichten Deckel.

h) Frieren Sie im kältesten Teil Ihres Gefrierschranks mindestens 4 Stunden lang ein, bis sie fest sind.

18. Moonshine & Maissirup Vanillepudding

Macht ungefähr 1 Liter

Zutaten:

- 2⅔ Tassen Vollmilch
- 1 Esslöffel plus 2 Teelöffel Maisstärke
- 2 Unzen (4 Esslöffel) Frischkäse, weich
- ⅛ Teelöffel feines Meersalz
- 1½ Tassen Sahne
- ⅔ Tasse Zucker
- ¼ Tasse heller Maissirup
- ⅓ bis ½ Tasse Mondschein oder weißer Whisky
- ⅔ Tasse geröstete gesalzene Pekannusshälften
- ½ Tasse Maissirup Pudding

Richtungen:

a) Etwa 2 Esslöffel Milch mit der Maisstärke in einer kleinen Schüssel zu einem glatten Brei verrühren.

b) Frischkäse und Salz in einer mittelgroßen Schüssel glatt rühren.

c) Füllen Sie eine große Schüssel mit Eis und Wasser.

d) Kochen Kombinieren Sie die restliche Milch, die Sahne, den Zucker und den Maissirup in einem 4-Liter-Topf, bringen Sie sie bei mittlerer Hitze zum Kochen und kochen Sie sie 4 Minuten lang. Vom Herd nehmen und die Maisstärkeaufschlämmung nach und nach einrühren. Bringen Sie die Mischung bei mittlerer Hitze wieder zum Kochen und kochen Sie sie unter Rühren mit einem hitzebeständigen Spatel, bis sie leicht eingedickt ist, etwa 1 Minute. Von der Hitze nehmen.

e) Chill Die heiße Milchmischung nach und nach unter den Frischkäse rühren, bis eine glatte Masse entsteht. Gießen Sie die Mischung in einen 1-Gallonen-Ziplock-Gefrierbeutel und tauchen Sie den versiegelten Beutel in das Eisbad. Etwa 30 Minuten stehen lassen und nach

Bedarf mehr Eis hinzufügen, bis es kalt ist. Mondschein einrühren.

f) Einfrieren Nehmen Sie den gefrorenen Behälter aus dem Gefrierschrank, bauen Sie Ihre Eismaschine zusammen und schalten Sie sie ein. Gießen Sie die Eiscremebasis in den Behälter und drehen Sie sie, bis sie dick und cremig ist.

g) Packen Sie das Eis in einen Vorratsbehälter und schichten Sie die Pekannüsse und den Vanillepudding nach und nach ein. Drücken Sie ein Pergamentblatt direkt auf die Oberfläche und verschließen Sie es mit einem luftdichten Deckel.

h) Frieren Sie im kältesten Teil Ihres Gefrierschranks mindestens 4 Stunden lang ein, bis sie fest sind.

19. Kirscheis des Weißen Hauses

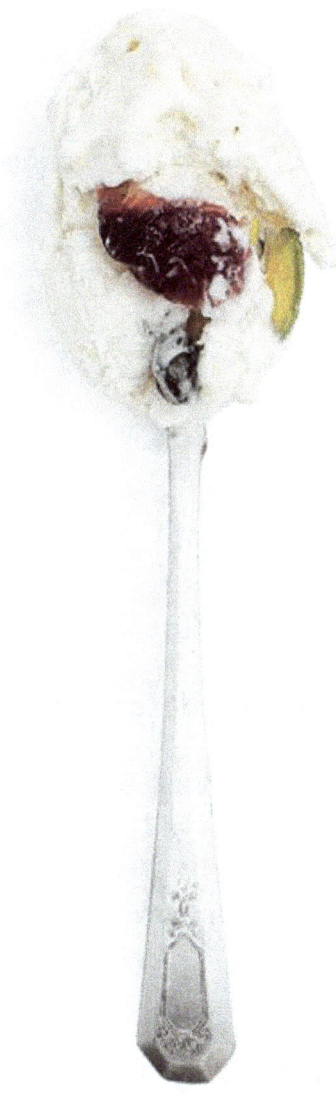

Macht ungefähr 1 Liter

Zutaten:

- 2⅔ Tassen Vollmilch
- 1 Esslöffel plus 2 Teelöffel Maisstärke
- 2 Unzen (4 Esslöffel) Frischkäse, weich
- ⅛ Teelöffel feines Meersalz
- 1½ Tassen Sahne
- ¾ Tasse Zucker
- ¼ Tasse heller Maissirup
- 1 bis 2 Tropfen Kirschblütenextrakt
- 4 Unzen weiße Schokolade, gehackt
- ¼ Tasse Kirschen des Weißen Hauses, entleert
- Eine Handvoll Pistazien (optional)

Richtungen:

a) Etwa 2 Esslöffel Milch mit der Maisstärke in einer kleinen Schüssel zu einem glatten Brei verrühren.

b) Frischkäse und Salz in einer mittelgroßen Schüssel glatt rühren.

c) Füllen Sie eine große Schüssel mit Eis und Wasser.

d) Kochen Kombinieren Sie die restliche Milch, die Sahne, den Zucker und den Maissirup in einem 4-Liter-Topf, bringen Sie sie bei mittlerer Hitze zum Kochen und kochen Sie sie 4 Minuten lang. Vom Herd nehmen und die Maisstärkeaufschlämmung nach und nach einrühren. Bringen Sie die Mischung bei mittlerer Hitze wieder zum Kochen und kochen Sie sie unter Rühren mit einem hitzebeständigen Spatel, bis sie leicht eingedickt ist, etwa 1 Minute. Von der Hitze nehmen.

e) Chill Die heiße Milchmischung nach und nach unter den Frischkäse rühren, bis eine glatte Masse entsteht. Gießen Sie die Mischung in einen 1-Gallonen-Ziplock-Gefrierbeutel und tauchen Sie den versiegelten Beutel in das Eisbad. Etwa 30 Minuten stehen lassen und nach

Bedarf mehr Eis hinzufügen, bis es kalt ist.

f) Einfrieren Nehmen Sie den gefrorenen Behälter aus dem Gefrierschrank, bauen Sie Ihre Eismaschine zusammen und schalten Sie sie ein. Gießen Sie die Eisbasis in den Behälter, fügen Sie den Kirschblütenextrakt hinzu und schleudern Sie ihn, bis er dick und cremig ist. Währenddessen die Schokolade in einem Wasserbad über siedendem Wasser schmelzen. Vom Herd nehmen und abkühlen lassen, bis sie lauwarm, aber noch gießbar sind.

g) Wenn das Eis fast fertig ist, träufeln Sie die geschmolzene Schokolade nach und nach durch die Öffnung oben in der Maschine, lassen Sie sie fest werden und brechen Sie sie dann etwa 2 Minuten lang in der Eiscreme auf.

h) Packen Sie das Eis in einen Vorratsbehälter und falten Sie die Kirschen und Pistazien, falls verwendet, nach und nach unter. Drücken Sie ein

Pergamentblatt direkt auf die Oberfläche und verschließen Sie es mit einem luftdichten Deckel.

i) Frieren Sie im kältesten Teil Ihres Gefrierschranks mindestens 4 Stunden lang ein, bis sie fest sind.

20. Yazoo Sue-Eiscreme

Macht ungefähr 1 Liter

Zutaten:

- 2⅔ Tassen Vollmilch
- 1 Esslöffel plus 2 Teelöffel Maisstärke
- 2 Unzen (4 Esslöffel) Frischkäse, weich
- ⅛ Teelöffel feines Meersalz
- 1½ Tassen Sahne
- ¾ Tasse Zucker
- ¼ Tasse heller Maissirup
- ⅓ Tasse geräucherter Porter
- ½ Tasse Rosmarin Riegelnüsse

Richtungen:

a) Etwa 2 Esslöffel Milch mit der Maisstärke in einer kleinen Schüssel zu einem glatten Brei verrühren.

b) Frischkäse und Salz in einer mittelgroßen Schüssel glatt rühren.

c) Füllen Sie eine große Schüssel mit Eis und Wasser.

d) Kochen Kombinieren Sie die restliche Milch, die Sahne, den Zucker und den Maissirup in einem 4-Liter-Topf, bringen Sie sie bei mittlerer Hitze zum Kochen und kochen Sie sie 4 Minuten lang.

e) Vom Herd nehmen und die Maisstärkeaufschlämmung nach und nach einrühren. Bringen Sie die Mischung bei mittlerer Hitze wieder zum Kochen und kochen Sie sie unter Rühren mit einem hitzebeständigen Spatel, bis sie leicht eingedickt ist, etwa 1 Minute. Von der Hitze nehmen.

f) Chill Nach und nach die heiße Milchmischung in den Frischkäse glatt rühren, dann das Bier einrühren. Gießen Sie die Mischung in einen 1-Gallonen-Ziplock-Gefrierbeutel und tauchen Sie den versiegelten Beutel in das Eisbad. Etwa 30 Minuten stehen lassen und nach Bedarf mehr Eis hinzufügen, bis es kalt ist.

g) Einfrieren Nehmen Sie den gefrorenen Behälter aus dem Gefrierschrank, bauen Sie Ihre Eismaschine zusammen und schalten Sie sie ein. Gießen Sie die Eiscremebasis in den Behälter und drehen Sie sie, bis sie dick und cremig ist.

h) Packen Sie das Eis in einen Vorratsbehälter und falten Sie dabei die Riegelnüsse ein. Drücken Sie ein Pergamentblatt direkt gegen die Oberfläche und verschließen Sie es mit einem luftdichten Deckel.

i) Frieren Sie im kältesten Teil Ihres Gefrierschranks mindestens 4 Stunden lang ein, bis sie fest sind.

21. Buttermilch Soft-Serve

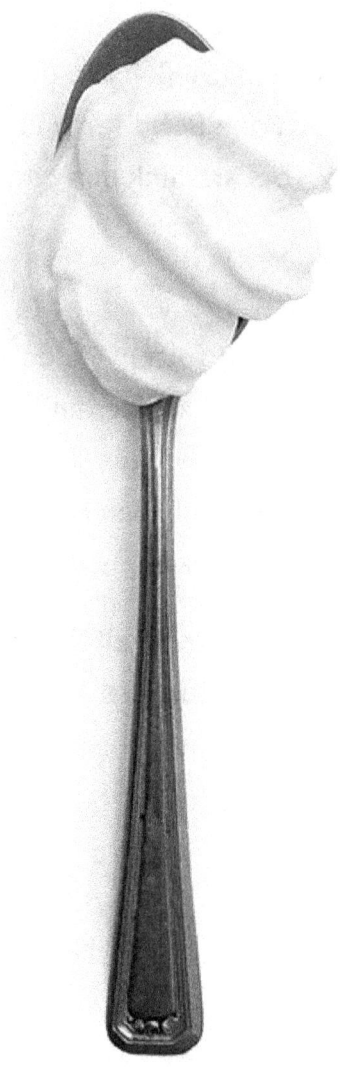

Macht ungefähr 1 Liter

Zutaten:

- 1¼ Tassen Sahne
- 2 Esslöffel Maisstärke
- 3 Unzen (6 Esslöffel) Frischkäse, weich
- ¼ Teelöffel feines Meersalz
- ⅔ Tasse Zucker
- 2 Esslöffel heller Maissirup
- 2½ Tassen Buttermilch, Vollmilch oder 2% Milch

Richtungen:

a) 3 bis 4 Esslöffel Sahne mit der Maisstärke in einer kleinen Schüssel zu einem glatten Brei verrühren.

b) Frischkäse und Salz in einer mittelgroßen Schüssel glatt rühren.

c) Füllen Sie eine große Schüssel mit Eis und Wasser.

d) Kochen Kombinieren Sie die restliche Sahne, den Zucker und den Maissirup in einem 4-Liter-Topf, bringen Sie sie bei mittlerer Hitze zum Kochen und kochen Sie sie 4 Minuten lang. Vom Herd nehmen und die Maisstärkeaufschlämmung nach und nach einrühren. Bringen Sie die Mischung bei mittlerer Hitze zum Kochen und kochen Sie sie unter Rühren mit einem hitzebeständigen Spatel, bis sie leicht eingedickt ist, etwa 20 Sekunden. Von der Hitze nehmen.

e) Chill Die heiße Milchmischung nach und nach unter den Frischkäse rühren, bis eine glatte Masse entsteht. Buttermilch einrühren.

f) Gießen Sie die Mischung in einen 1-Gallonen-Ziplock-Beutel und tauchen Sie den versiegelten Beutel in das Eisbad. Etwa 30 Minuten stehen lassen und nach Bedarf mehr Eis hinzufügen, bis es kalt ist.

g) Einfrieren

h) Bei Verwendung einer Soft-Serve-Maschine

i) Nehmen Sie den gefrorenen Behälter aus dem Gefrierschrank, bauen Sie Ihre Eismaschine zusammen und schalten Sie sie ein. Gießen Sie die Eiscremebasis in den Behälter und drehen Sie sie, bis sie dick und cremig ist. Verwenden Sie den Griff, um einen Teil der Eiscreme in eine Schüssel zu geben. Wenn das Eis zu weich ist, schütte es wieder hinein und rühre weiter, bis es die gewünschte Konsistenz erreicht hat. Sofort servieren.

j) Bei Verwendung einer normalen Eismaschine

k) Nehmen Sie den gefrorenen Behälter aus dem Gefrierschrank, bauen Sie Ihre Eismaschine zusammen und schalten Sie sie ein. Gießen Sie die Eiscremebasis in den Behälter und drehen Sie sie, bis sie dick und cremig ist.

l) Servieren Sie das Eis direkt aus der Maschine oder packen Sie das Eis für eine schöpfbare Version in einen Vorratsbehälter. Drücken Sie ein Pergamentblatt direkt auf die Oberfläche und verschließen Sie es mit einem luftdichten Deckel.

m) Frieren Sie im kältesten Teil Ihres Gefrierschranks mindestens 4 Stunden lang ein, bis sie fest sind.

Vanillepudding

22. Gefrorener Vanillepudding mit gesalzener Vanille

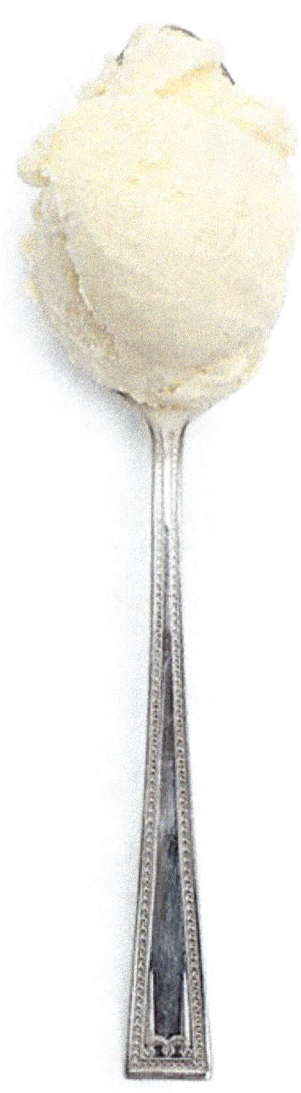

Macht ungefähr 1 Liter

Zutaten:

- 2¾ Tassen Vollmilch
- 6 große Eigelb
- 1 Esslöffel plus 2 Teelöffel Maisstärke
- 1 Unze (2 Esslöffel) Frischkäse, weich
- ¾ Teelöffel feines Meersalz
- 3 Teelöffel Vanilleextrakt
- 1 Tasse Sahne
- ¾ Tasse Zucker
- 2 Esslöffel heller Maissirup

Richtungen:

a) Etwa 2 Esslöffel Milch, Eigelb und Speisestärke in einer kleinen Schüssel verrühren und beiseite stellen.

b) Frischkäse, Salz und Vanille in einer mittelgroßen Schüssel glatt rühren.

c) Füllen Sie eine große Schüssel mit Eis und Wasser.

d) Kochen Kombinieren Sie die restliche Milch, die Sahne, den Zucker und den Maissirup in einem 4-Liter-Topf, bringen Sie sie bei mittlerer Hitze zum Kochen und kochen Sie sie 4 Minuten lang.

e) Vom Herd nehmen und nach und nach etwa 2 Tassen der heißen Milchmischung zur Eigelbmischung geben, eine Schöpfkelle nach der anderen, dabei nach jeder Zugabe gut umrühren.

f) Die Mischung zurück in den Topf geben und bei mittlerer Hitze unter ständigem Rühren mit einem hitzebeständigen Spatel erhitzen, bis die Mischung zum Kochen kommt. Vom Herd nehmen und bei Bedarf durch ein Sieb streichen.

g) Chill Die heiße Milchmischung nach und nach unter die Frischkäsemischung rühren, bis sie glatt ist. Gießen Sie die Mischung in einen 1-Gallonen-Ziplock-Gefrierbeutel und tauchen Sie den versiegelten Beutel in das Eisbad. Etwa

30 Minuten stehen lassen und nach Bedarf mehr Eis hinzufügen, bis es kalt ist.

h) Einfrieren Nehmen Sie den gefrorenen Behälter aus dem Gefrierschrank, bauen Sie Ihre Eismaschine zusammen und schalten Sie sie ein. Gießen Sie den Puddingboden in den Behälter und schleudern Sie ihn, bis er dick und cremig ist.

i) Packen Sie die Vanillesoße in einen Vorratsbehälter. Drücken Sie ein Pergamentblatt direkt auf die Oberfläche und verschließen Sie es mit einem luftdichten Deckel. Frieren Sie im kältesten Teil Ihres Gefrierschranks mindestens 4 Stunden lang ein, bis sie fest sind.

23. French Toast Frozen Custard

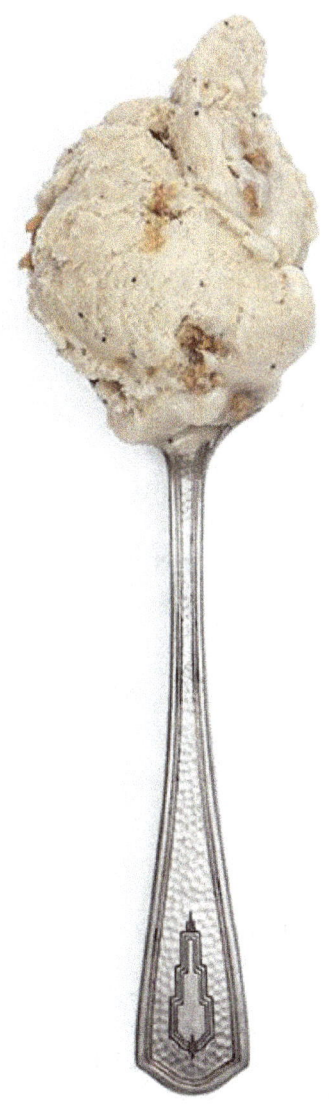

Macht ungefähr 1 Liter

Zutaten:

- 2¾ Tassen Vollmilch
- 6 große Eigelb
- 1 Esslöffel plus 2 Teelöffel Maisstärke
- 1 Unze (2 Esslöffel) Frischkäse, weich
- ½ Teelöffel Vanilleextrakt
- 1 Teelöffel gemahlener Zimt
- 1 Teelöffel frisch gerösteter, fein gemahlener Kaffee
- ¼ Teelöffel Salz
- 1 Tasse Sahne
- 2 Esslöffel heller Maissirup
- 1½ Tassen Ahornsirup
- ½ Tasse (¼ Zoll) Briochewürfel (von 2 bis 3 Scheiben Brioche), geröstet oder French Toast Kies

Richtungen:

a) Etwa 2 Esslöffel Milch, Eigelb und Speisestärke in einer kleinen Schüssel verrühren und beiseite stellen.

b) Frischkäse, Vanille, Zimt, Kaffee und Salz in einer mittelgroßen Schüssel glatt rühren.

c) Die Sahne mit dem Maissirup in einer kleinen Schüssel mischen.

d) Füllen Sie eine große Schüssel mit Eis und Wasser.

e) Kochen Bringen Sie den Ahornsirup in einem 4-Liter-Topf bei mittlerer Hitze zum Kochen. Reduzieren Sie die Hitze auf mittlere Stufe und kochen Sie 8 Minuten weiter, bis sich der Sirup auf die Hälfte reduziert hat. Vom Herd nehmen und die Sahne-Mischung nach und nach unter ständigem Rühren löffelweise dazugeben. Restliche Milch einrühren.

f) Stellen Sie den Topf wieder auf den Herd und erhitzen Sie ihn bei mittlerer Hitze, bringen Sie die Mischung zum

Kochen und kochen Sie sie 4 Minuten lang (sie kann vom sauren Ahorn geronnen erscheinen, aber sie kommt in der fertigen Vanillesoße wieder zusammen).

g) Vom Herd nehmen und nach und nach etwa 2 Tassen dieser Mischung zu der Eigelbmischung geben, eine Kelle nach der anderen, und nach jeder Zugabe gut umrühren.

h) Die Mischung in den Topf geben und bei mittlerer Hitze erhitzen, bis die Mischung wieder kocht, dann vom Herd nehmen. Eventuell durch ein Sieb streichen.

i) Chill Die heiße Milchmischung nach und nach unter die Frischkäsemischung rühren, bis sie glatt ist. Gießen Sie die Mischung in einen 1-Gallonen-Ziplock-Gefrierbeutel und tauchen Sie den versiegelten Beutel in das Eisbad. Etwa 30 Minuten stehen lassen und nach Bedarf mehr Eis hinzufügen, bis es kalt ist.

j) Einfrieren Nehmen Sie den gefrorenen Behälter aus dem Gefrierschrank, bauen Sie Ihre Eismaschine zusammen und schalten Sie sie ein. Gießen Sie den Puddingboden in den Behälter und schleudern Sie ihn, bis er dick und cremig ist.

k) Pudding in einen Vorratsbehälter füllen und nach und nach mit den gerösteten Briochewürfeln vermischen. Drücken Sie ein Pergamentblatt direkt auf die Oberfläche und verschließen Sie es mit einem luftdichten Deckel. Frieren Sie im kältesten Teil Ihres Gefrierschranks mindestens 4 Stunden lang ein, bis sie fest sind.

24. Eierlikör Frozen Custard

Macht ungefähr 1 Liter

Zutaten:

- 2¾ Tassen Vollmilch
- 6 große Eigelb
- 1 Esslöffel plus 2 Teelöffel Maisstärke
- 1 Unze (2 Esslöffel) Frischkäse, weich
- ½ Teelöffel feines Meersalz
- ⅛ Teelöffel geriebene Muskatnuss
- ½ Teelöffel Vanilleextrakt
- 1 Tasse Sahne
- ¾ Tasse Zucker
- 2 Esslöffel heller Maissirup
- ¼ Tasse Whisky (oder Rum oder Brandy)

Richtungen:

a) Etwa 2 Esslöffel Milch, Eigelb und Speisestärke in einer kleinen Schüssel verrühren und beiseite stellen.

b) Frischkäse, Salz, Muskatnuss und Vanille in einer mittelgroßen Schüssel glatt rühren.

c) Füllen Sie eine große Schüssel mit Eis und Wasser.

d) Kochen Kombinieren Sie die restliche Milch, die Sahne, den Zucker und den Maissirup in einem 4-Liter-Topf, bringen Sie sie bei mittlerer Hitze zum Kochen und kochen Sie sie 4 Minuten lang.

e) Vom Herd nehmen und nach und nach etwa 2 Tassen der heißen Milchmischung zur Eigelbmischung geben, eine Schöpfkelle nach der anderen, dabei nach jeder Zugabe gut umrühren.

f) Die Mischung zurück in den Topf geben und bei mittlerer Hitze unter ständigem Rühren mit einem hitzebeständigen Spatel erhitzen, bis die Mischung zum Kochen kommt. Vom Herd nehmen und bei Bedarf durch ein Sieb streichen.

g) Chill Die heiße Milchmischung nach und nach unter die Frischkäsemischung rühren, bis sie glatt ist. Gießen Sie die Mischung in einen 1-Gallonen-Ziplock-Gefrierbeutel und tauchen Sie den versiegelten Beutel in das Eisbad. Etwa 30 Minuten stehen lassen und nach Bedarf mehr Eis hinzufügen, bis es kalt ist.

h) Einfrieren Nehmen Sie den gefrorenen Behälter aus dem Gefrierschrank, bauen Sie Ihre Eismaschine zusammen und schalten Sie sie ein. Gießen Sie den Puddingboden in den Behälter, fügen Sie den Whisky hinzu und drehen Sie ihn, bis er dick und cremig ist.

i) Packen Sie die Vanillesoße in einen Vorratsbehälter. Drücken Sie ein Pergamentblatt direkt auf die Oberfläche und verschließen Sie es mit einem luftdichten Deckel. Frieren Sie im kältesten Teil Ihres Gefrierschranks mindestens 4 Stunden lang ein, bis sie fest sind.

25. Orangenblüten-Bisque-Pudding

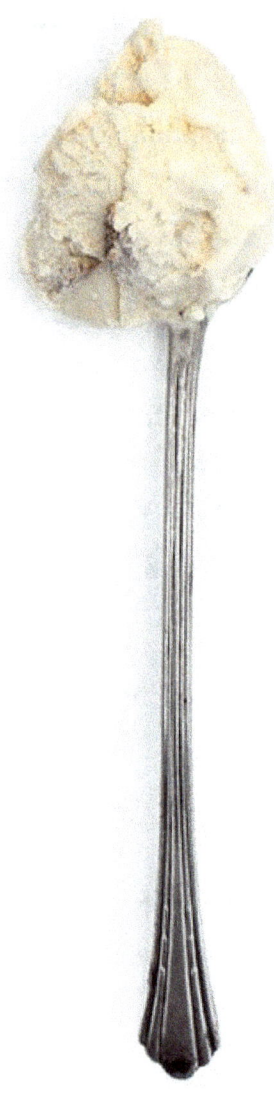

Macht ungefähr 1 Liter

Zutaten:

- 2¾ Tassen Vollmilch
- 6 große Eigelb
- 1 Esslöffel plus 2 Teelöffel Maisstärke
- 1 Unze (2 Esslöffel) Frischkäse, weich
- 2 Teelöffel Vanilleextrakt
- ¾ Teelöffel Mandelextrakt
- ½ Teelöffel feines Meersalz
- 1 Tasse Sahne
- ¾ Tasse Zucker
- 2 Esslöffel heller Maissirup
- 1 bis 2 Tropfen ätherisches Neroliöl
- ½ Tasse geröstete Mandeln, sehr fein gehackt
- ½ Tasse zerbröckelte Amaretti-Kekse
- 12 bis 16 Amarena-Kirschen (siehe Quellen; Optional)

Richtungen:

a) Etwa 2 Esslöffel Milch, Eigelb und Speisestärke in einer kleinen Schüssel verrühren und beiseite stellen.

b) Frischkäse, Vanille, Mandelextrakt und Salz in einer mittelgroßen Schüssel glatt rühren.

c) Füllen Sie eine große Schüssel mit Eis und Wasser.

d) Kochen Kombinieren Sie die restliche Milch, die Sahne, den Zucker und den Maissirup in einem 4-Liter-Topf, bringen Sie sie bei mittlerer Hitze zum Kochen und kochen Sie sie 4 Minuten lang.

e) Vom Herd nehmen und nach und nach etwa 2 Tassen der heißen Milchmischung zur Eigelbmischung geben, eine Schöpfkelle nach der anderen, dabei nach jeder Zugabe gut umrühren.

f) Die Mischung zurück in den Topf geben und bei mittlerer Hitze unter ständigem Rühren mit einem hitzebeständigen Spatel erhitzen, bis die Mischung zum

Kochen kommt. Vom Herd nehmen und bei Bedarf durch ein Sieb streichen.

g) Chill Die heiße Milchmischung nach und nach unter die Frischkäsemischung rühren, bis sie glatt ist. Gießen Sie die Mischung in einen 1-Gallonen-Ziplock-Gefrierbeutel und tauchen Sie den versiegelten Beutel in das Eisbad. Etwa 30 Minuten stehen lassen und nach Bedarf mehr Eis hinzufügen, bis es kalt ist.

h) Einfrieren Nehmen Sie den gefrorenen Behälter aus dem Gefrierschrank, bauen Sie Ihre Eismaschine zusammen und schalten Sie sie ein. Gießen Sie den Puddingboden in den Behälter, geben Sie das ätherische Neroliöl hinein und drehen Sie ihn, bis er dick und cremig ist.

i) Den Pudding in einen Vorratsbehälter füllen und nach und nach mit den gerösteten Mandeln und Amaretti schichten. Drücken Sie ein Pergamentblatt direkt auf die Oberfläche und verschließen Sie es mit einem luftdichten Deckel. Frieren Sie im kältesten Teil Ihres Gefrierschranks mindestens 4 Stunden lang ein, bis sie fest sind.

j) Beim Servieren mit den Kirschen garnieren, falls verwendet.

26. Karamellcreme ohne Lait

Macht ungefähr 1 Liter

Zutaten:

- $2\frac{3}{4}$ Tassen Mandelmilch
- 2 Esslöffel Tapiokastärke
- ⅓ Tasse rohe Cashewnüsse
- 2 Unzen (4 Esslöffel) veganer Frischkäse
- $1\frac{1}{4}$ Tassen raffiniertes Kokosöl, bei Raumtemperatur
- ½ Teelöffel feines Meersalz
- ⅓ Tasse heller Maissirup
- ⅔ Tasse Zucker
- 1 Vanilleschote, gespalten, Samen ausgekratzt, Samen und Bohne reserviert

Richtungen:

a) Etwa 2 Esslöffel Mandelmilch mit der Tapiokastärke in einer kleinen Schüssel zu einem glatten Brei verrühren. Wenn du rohe Cashewkerne verwendest, zerkleinere sie in einer Küchenmaschine oder mit einem Mörser und Stößel zu einer sehr feinen Paste.

b) Frischkäse, falls verwendet, Kokosöl, Cashewpaste und Salz in einer Schüssel glatt und cremig verquirlen.

c) Gießen Sie den Maissirup in die restliche Mandelmilch in einer Schüssel.

d) Füllen Sie eine große Schüssel mit Eis und Wasser.

e) Kochen Erhitzen Sie den Zucker in einem 4-Liter-Topf bei mittlerer Hitze, bis er geschmolzen und golden bernsteinfarben ist.

f) Vom Herd nehmen und unter ständigem Rühren langsam etwas von der Mandelmilchmischung zum Karamell geben: es zischt, knallt und spritzt.

g) Rühren, bis alles gut vermischt ist, dann etwas mehr Mandelmilch hinzufügen und umrühren. Fügen Sie die Milch nach und nach hinzu, bis alles eingearbeitet ist.

h) Die Tapiokastärke-Aufschlämmung, die Vanillesamen und die Bohne langsam einrühren. Die Pfanne wieder erhitzen, bei mittlerer Hitze zum Kochen bringen und unter Rühren mit einem hitzebeständigen Spatel 20 bis 30 Sekunden kochen, bis die Mischung leicht eindickt.

i) Von der Hitze nehmen. Falls noch Karamellflecken zurückbleiben, die Mischung durch ein Sieb passieren.

j) Chill Nach und nach die heiße Milchmischung in die Frischkäsemischung rühren und rühren, bis sie gut eingearbeitet ist.

k) Gießen Sie die Mischung in einen 1-Gallonen-Ziplock-Gefrierbeutel und tauchen Sie den versiegelten Beutel in das Eisbad. Etwa 30 Minuten stehen lassen und nach Bedarf mehr Eis hinzufügen, bis es kalt ist.

l) Einfrieren Nehmen Sie den gefrorenen Behälter aus dem Gefrierschrank, bauen Sie Ihre Eismaschine zusammen und schalten Sie sie ein. Den Crème-Boden in den Kanister geben und schleudern, bis er dick und cremig ist.

m) Vanilleschote entfernen und wegwerfen. Verpacken Sie die Creme in einen Vorratsbehälter.

n) Drücken Sie ein Pergamentblatt direkt auf die Oberfläche und verschließen Sie es mit einem luftdichten Deckel.

o) Frieren Sie im kältesten Teil Ihres Gefrierschranks mindestens 4 Stunden lang ein, bis sie fest sind.

GEFRORENER JOGHURT

27. Frischer Ingwer Frozen Yogurt

Macht ungefähr 1 Liter

Zutaten:

Frozen Yogurt Basis

- 1 Liter fettarmer Naturjoghurt
- $1\frac{1}{2}$ Tassen Vollmilch
- 2 Esslöffel Maisstärke
- 2 Unzen (4 Esslöffel) Frischkäse, weich
- $\frac{1}{2}$ Teelöffel Rübenpulver (für Farbe; siehe Quellen; Optional)
- $\frac{1}{8}$ Teelöffel Kurkuma (für Farbe; optional)
- $\frac{1}{2}$ Tasse Sahne
- $\frac{2}{3}$ Tasse Zucker
- $\frac{1}{4}$ Tasse heller Maissirup

Ingwersirup

- $\frac{1}{2}$ Tasse frischer Zitronensaft (von 2 bis 3 Zitronen)
- 3 Esslöffel Zucker

- 2 Unzen frischer Ingwer (ein Stück etwa 10 cm lang), geschält und in -Zoll-Münzen geschnitten
- ½ Teelöffel Ingwerpulver

Richtungen:

Für den passierten Joghurt

a) Setzen Sie ein Sieb über eine Schüssel und legen Sie es mit zwei Lagen Käsetuch aus. Gießen Sie den Joghurt in das Sieb, bedecken Sie ihn mit Plastikfolie und stellen Sie ihn zum Abtropfen 6 bis 8 Stunden in den Kühlschrank. Entsorgen Sie die Flüssigkeit und messen Sie $1\frac{1}{4}$ Tassen angespannten Joghurt ab; beiseite legen.

Für den Ingwersirup

b) Den Zitronensaft mit dem Zucker in einem kleinen Topf vermischen und bei mittlerer Hitze zum Kochen bringen, dabei umrühren, um den Zucker aufzulösen. Vom Herd nehmen, Ingwerscheiben und Ingwerpulver dazugeben und abkühlen lassen. Den in

Scheiben geschnittenen Ingwer abseihen und den Sirup beiseite stellen.

Für den Frozen Yogurt Boden

c) Etwa 2 Esslöffel Milch mit der Maisstärke in einer kleinen Schüssel zu einem glatten Brei verrühren.

d) Frischkäse, Rübenpulver und ggf. Kurkuma in einer mittelgroßen Schüssel glatt rühren.

e) Füllen Sie eine große Schüssel mit Eis und Wasser.

f) Kochen Kombinieren Sie die restliche Milch, die Sahne, den Zucker und den Maissirup in einem 4-Liter-Topf, bringen Sie sie bei mittlerer Hitze zum Kochen und kochen Sie sie 4 Minuten lang. Vom Herd nehmen und die Maisstärkeaufschlämmung nach und nach einrühren. Bringen Sie die Mischung bei mittlerer Hitze wieder zum Kochen und kochen Sie sie unter Rühren mit einem hitzebeständigen Spatel, bis sie leicht eingedickt ist, etwa 1 Minute. Von der Hitze nehmen.

g) Chill Die heiße Milchmischung nach und nach unter den Frischkäse rühren, bis eine glatte Masse entsteht. Fügen Sie die 1¼ Tassen Joghurt und den Ingwersirup hinzu. Gießen Sie die Mischung in einen 1-Gallonen-Ziplock-Gefrierbeutel und tauchen Sie den versiegelten Beutel in das Eisbad. Etwa 30 Minuten stehen lassen und nach Bedarf mehr Eis hinzufügen, bis es kalt ist.

h) Einfrieren Nehmen Sie den gefrorenen Behälter aus dem Gefrierschrank, bauen Sie Ihre Eismaschine zusammen und schalten Sie sie ein. Gießen Sie den Frozen-Joghurt-Boden in den gefrorenen Kanister und schleudern Sie ihn, bis er dick und cremig ist.

i) Packen Sie den gefrorenen Joghurt in einen Vorratsbehälter. Drücken Sie ein Pergamentblatt direkt auf die Oberfläche und verschließen Sie es mit einem luftdichten Deckel. Frieren Sie im kältesten Teil Ihres Gefrierschranks mindestens 4 Stunden lang ein, bis sie fest sind.

28. Frischer Pfirsich Frozen Yogurt

Macht ungefähr 1 Liter

Zutaten:

Frozen Yogurt Basis

- 1 Liter fettarmer Naturjoghurt
- ⅔ Tasse Buttermilch (oder zusätzliche Vollmilch)
- 1 Tasse Vollmilch
- 2 Esslöffel Maisstärke
- 2 Unzen (4 Esslöffel) Frischkäse, weich
- ¼ Teelöffel feines Meersalz
- ½ Tasse Sahne
- ⅔ Tasse Zucker
- ¼ Tasse heller Maissirup

Pfirsichpüree

- 2 bis 3 reife goldene Pfirsiche, geschält, entkernt und in grobe Stücke geschnitten
- ⅓ Tasse Zucker

- ¼ Tasse frischer Zitronensaft (von etwa 2 Zitronen)

Richtungen:

Für den passierten Joghurt

a) Setzen Sie ein Sieb über eine Schüssel und legen Sie es mit zwei Lagen Käsetuch aus. Gießen Sie den Joghurt in das Sieb, bedecken Sie ihn mit Plastikfolie und stellen Sie ihn zum Abtropfen 6 bis 8 Stunden in den Kühlschrank. Entsorgen Sie die Flüssigkeit und messen Sie 1¼ Tassen passierten Joghurt ab. Die Buttermilch hinzufügen und beiseite stellen.

Für den Frozen Joghurt

b) Etwa 2 Esslöffel Milch mit der Maisstärke in einer kleinen Schüssel zu einem glatten Brei verrühren.

c) Frischkäse und Salz in einer mittelgroßen Schüssel glatt rühren.

d) Füllen Sie eine große Schüssel mit Eis und Wasser.

Für das Pfirsichpüree

e) Die Pfirsiche in einer Küchenmaschine pürieren. ⅔ Tasse des Pürees in eine kleine Schüssel geben. Reservieren Sie den Rest für eine andere Verwendung.

f) Zucker und Zitronensaft in einem mittelgroßen Topf vermischen und bei mittlerer Hitze zum Kochen bringen, dabei rühren, bis sich der Zucker aufgelöst hat. Zum Pfirsichpüree geben und abkühlen lassen.

g) Kochen Kombinieren Sie die restliche Milch, die Sahne, den Zucker und den Maissirup in einem 4-Liter-Topf, bringen Sie sie bei mittlerer Hitze zum Kochen und kochen Sie sie 4 Minuten lang. Vom Herd nehmen und die Maisstärkeaufschlämmung nach und nach einrühren. Bringen Sie die Mischung bei mittlerer Hitze wieder zum Kochen und kochen Sie sie unter Rühren mit einem hitzebeständigen Spatel, bis sie leicht eingedickt ist, etwa 1 Minute. Von der Hitze nehmen.

h) Chill Die heiße Milchmischung nach und nach unter den Frischkäse rühren, bis eine glatte Masse entsteht. Fügen Sie die reservierten $1\frac{1}{4}$ Tassen Joghurt und das Pfirsichpüree hinzu. Gießen Sie die Mischung in einen 1-Gallonen-Ziplock-Gefrierbeutel und tauchen Sie den versiegelten Beutel in das Eisbad. Etwa 30 Minuten stehen lassen und nach Bedarf mehr Eis hinzufügen, bis es kalt ist.

i) Einfrieren Nehmen Sie den gefrorenen Behälter aus dem Gefrierschrank, bauen Sie Ihre Eismaschine zusammen und schalten Sie sie ein. Gießen Sie den Frozen-Joghurt-Boden in den gefrorenen Kanister und schleudern Sie ihn, bis er dick und cremig ist.

j) Packen Sie den gefrorenen Joghurt in einen Vorratsbehälter. Drücken Sie ein Pergamentblatt direkt auf die Oberfläche und verschließen Sie es mit einem luftdichten Deckel. Frieren Sie im kältesten Teil Ihres Gefrierschranks mindestens 4 Stunden lang ein, bis sie fest sind.

29. Isländischer Kuchen Frozen Yogurt

Macht ungefähr 1 Liter

Zutaten:

- 1½ Tassen Vollmilch
- 2 Esslöffel Maisstärke
- 1¼ Tassen Skyr
- 2 Unzen (4 Esslöffel) Frischkäse, weich
- ½ Tasse Sahne
- ⅔ Tasse Zucker
- ¼ Tasse heller Maissirup
- ½ Tasse zerbröckelt Lady Kuchen, gefroren
- ½ Tasse Streusel, mit Haferflocken gemacht und weitere 20 Minuten gebacken
- Tasse Geschmorte Rhabarbersauce

Richtungen:

a) Etwa 2 Esslöffel Milch mit der Maisstärke in einer kleinen Schüssel zu einem glatten Brei verrühren.

b) Den Skyr und den Frischkäse in einer mittelgroßen Schüssel glatt rühren.

c) Füllen Sie eine große Schüssel mit Eis und Wasser.

d) Kochen Kombinieren Sie die restliche Milch, die Sahne, den Zucker und den Maissirup in einem 4-Liter-Topf, bringen Sie sie bei mittlerer Hitze zum Kochen und kochen Sie sie 4 Minuten lang.

e) Vom Herd nehmen und die Maisstärkeaufschlämmung nach und nach einrühren. Bringen Sie die Mischung bei mittlerer Hitze wieder zum Kochen und kochen Sie sie unter Rühren mit einem hitzebeständigen Spatel, bis sie leicht eingedickt ist, etwa 1 Minute. Von der Hitze nehmen.

f) Chill Die heiße Milchmischung nach und nach unter den Frischkäse rühren, bis eine glatte Masse entsteht. Gießen Sie die Mischung in einen 1-Gallonen-Ziplock-Gefrierbeutel und tauchen Sie den versiegelten Beutel in das Eisbad. Etwa 30 Minuten stehen lassen und nach

Bedarf mehr Eis hinzufügen, bis es kalt ist.

g) Einfrieren Nehmen Sie den gefrorenen Behälter aus dem Gefrierschrank, bauen Sie Ihre Eismaschine zusammen und schalten Sie sie ein. Gießen Sie den Joghurtboden in den Behälter und schleudern Sie ihn, bis er dick und cremig ist.

h) Packen Sie den gefrorenen Joghurt schnell in einen Vorratsbehälter und legen Sie abwechselnd Schichten aus gefrorenem Joghurt, Kuchen, Streusel und Rhabarbersauce. Drücken Sie ein Pergamentblatt direkt auf die Oberfläche und verschließen Sie es mit einem luftdichten Deckel.

i) Frieren Sie im kältesten Teil Ihres Gefrierschranks mindestens 4 Stunden lang ein, bis sie fest sind.

SORBET

30. Bellini-Sorbet

Macht ungefähr 1 Liter

Zutaten:

- 4 reife Pfirsiche (ca. 1¾ Pfund), geschält, entkernt und in einer Küchenmaschine püriert
- ⅔ Tasse Zucker
- ¼ Tasse heller Maissirup
- ⅔ Tasse Weißburgunder
- 3 EL frischer Zitronensaft

Richtungen:

a) Kochen Kombinieren Sie die pürierten Pfirsiche, Zucker, Maissirup, Wein und Zitronensaft in einem mittelgroßen Topf und bringen Sie sie zum Kochen, rühren Sie, bis sich der Zucker aufgelöst hat. In eine mittelgroße Schüssel umfüllen und abkühlen lassen.

b) Chill Den Sorbetboden in den Kühlschrank stellen und mindestens 2 Stunden kalt stellen.

c) Einfrieren Nehmen Sie den gefrorenen Behälter aus dem Gefrierschrank, bauen Sie Ihre Eismaschine zusammen und schalten Sie sie ein. Gießen Sie den Sorbetboden in den Kanister und schleudern Sie ihn, bis er die Konsistenz von sehr weicher Schlagsahne hat.

d) Packen Sie das Sorbet in einen Vorratsbehälter. Drücken Sie ein Pergamentblatt direkt auf die Oberfläche und verschließen Sie es mit einem luftdichten Deckel. Frieren Sie im kältesten Teil Ihres Gefrierschranks mindestens 4 Stunden lang ein, bis sie fest sind.

31. Grapefruitsorbet

Macht ungefähr 1 Liter

Zutaten:

- 4 Traubenfrüchte
- 3 EL frischer Zitronensaft
- ½ Tasse heller Maissirup
- ⅔ Tasse Zucker
- Optionale Aromastoffe: Ein paar Zweige Estragon, Basilikum oder Lavendel; oder ½ halbe Vanilleschote, Kerne entfernt
- ¼ Tasse Wodka

Richtungen:

a) Vorbereitung Mit einem Sparschäler 3 Zestenstreifen von 1 Grapefruit entfernen. Schneiden Sie alle Grapefruits in zwei Hälften und pressen Sie 3 Tassen Saft aus ihnen.

b) Cook Kombinieren Sie den Grapefruitsaft, die Schale, den Zitronensaft, den Maissirup und den Zucker in einem 4-Liter-Topf und bringen Sie ihn zum Kochen, rühren Sie um, um den Zucker aufzulösen. In eine mittelgroße Schüssel umfüllen, gegebenenfalls die Aromastoffe hinzufügen und abkühlen lassen.

c) Chill Grapefruitschale entfernen. Den Sorbetboden in den Kühlschrank stellen und mindestens 2 Stunden kalt stellen.

d) Einfrieren Nehmen Sie den Sorbetboden aus dem Kühlschrank und passieren Sie alle Aromastoffe. Fügen Sie den Wodka hinzu. Nehmen Sie den gefrorenen Behälter aus dem Gefrierschrank, bauen Sie Ihre Eismaschine zusammen und schalten Sie sie ein. Gießen Sie den Sorbetboden in den Kanister und schleudern Sie ihn, bis er die Konsistenz von sehr weicher Schlagsahne hat.

e) Packen Sie das Sorbet in einen Vorratsbehälter. Drücken Sie ein Pergamentblatt direkt auf die Oberfläche und verschließen Sie es mit einem luftdichten Deckel. Frieren Sie im kältesten Teil Ihres Gefrierschranks mindestens 4 Stunden lang ein, bis sie fest sind.

32. Pflaumen-Sake-Sorbet

Macht ungefähr 1 Liter

Zutaten:

- 2 Pfund reife schwarze Pflaumen (ungefähr 7), entkernt, aber ungeschält
- ⅔ Tasse Zucker
- ½ Tasse heller Maissirup
- 1 Tasse Pflaumensake
- 2 Esslöffel frischer Zitronensaft

Richtungen:

a) Pürieren Sie die Pflaumen in einer Küchenmaschine, bis sie glatt sind. In eine mittelgroße Schüssel geben.

b) Kochen Kombinieren Sie den Zucker und den Maissirup in einem 4-Liter-Topf und bringen Sie ihn zum Kochen, rühren Sie um, um den Zucker aufzulösen. Den heißen Zuckersirup unter die pürierten Pflaumen schlagen.

c) Chill Stellen Sie die Pflaumenmischung in den Kühlschrank und kühlen Sie sie mindestens 2 Stunden lang.

d) Die Pflaumenmischung durch ein Sieb über eine Schüssel streichen, dann Sake und Zitronensaft hinzufügen.

e) Einfrieren Nehmen Sie den gefrorenen Behälter aus dem Gefrierschrank, bauen Sie Ihre Eismaschine zusammen und schalten Sie sie ein. Gießen Sie den Sorbetboden in den Kanister und schleudern Sie ihn, bis er die Konsistenz von sehr weicher Schlagsahne hat.

f) Packen Sie das Sorbet in einen Vorratsbehälter. Drücken Sie ein Pergamentblatt direkt auf die Oberfläche und verschließen Sie es mit einem luftdichten Deckel.

g) Frieren Sie im kältesten Teil Ihres Gefrierschranks mindestens 4 Stunden lang ein, bis sie fest sind.

33. Rotes Himbeersorbet

Macht ungefähr 1 Liter

Zutaten:

- 5 Pint Himbeeren
- 1⅓ Tassen Zucker
- 1 Tasse Maissirup
- ½ Tasse Wodka

Richtungen:

a) Pürieren Sie die Himbeeren in einer Küchenmaschine, bis sie glatt sind. Durch ein Sieb drücken, um die Kerne zu entfernen.

b) Kochen Kombinieren Sie das Himbeerpüree, den Zucker und den Maissirup in einem 4-Liter-Topf und bringen Sie es bei mittlerer bis hoher Hitze zum Kochen, rühren Sie um, um den Zucker aufzulösen. Vom Herd nehmen, in eine mittelgroße Schüssel geben und abkühlen lassen.

c) Chill Den Sorbetboden in den Kühlschrank stellen und mindestens 2 Stunden kalt stellen.

d) Einfrieren Nehmen Sie den Sorbetboden aus dem Kühlschrank und fügen Sie den Wodka hinzu. Nehmen Sie den gefrorenen Behälter aus dem Gefrierschrank, bauen Sie Ihre Eismaschine zusammen und schalten Sie sie ein. Gießen Sie den Sorbetboden in den Kanister und schleudern Sie ihn, bis er die Konsistenz von sehr weicher Schlagsahne hat.

e) Packen Sie das Sorbet in einen Vorratsbehälter. Drücken Sie ein Pergamentblatt direkt gegen die Oberfläche und verschließen Sie es mit einem luftdichten Deckel.

f) Frieren Sie im kältesten Teil Ihres Gefrierschranks mindestens 4 Stunden lang ein, bis sie fest sind.

34. Steinobstsorbet

Macht ungefähr 1 Liter

Zutaten:

- 2 Pfund Steinobst (wie 1 mittelgroßer Pfirsich geschält, 2 große Pflaumen, 4 Aprikosen und 16 dunkelrote Kirschen), entkernt
- ⅔ Tasse Zucker
- ⅓ Tasse heller Maissirup
- ¼ Tasse Steinobst-Wodka

Richtungen:

a) Prep Pürieren Sie die Früchte in einer Küchenmaschine, bis sie glatt sind.

b) Kochen Kombinieren Sie das pürierte Obst, den Zucker und den Maissirup in einem 4-Liter-Kochtopf und bringen Sie es zum Köcheln, rühren Sie um, um den Zucker aufzulösen. Vom Herd nehmen, in eine mittelgroße Schüssel geben und abkühlen lassen.

c) Kühlen Sie die Mischung durch ein Sieb in eine andere Schüssel. In den

Kühlschrank stellen und mindestens 2 Stunden kalt stellen.

d) Einfrieren Den Sorbetboden aus dem Kühlschrank nehmen und den Wodka einrühren. Nehmen Sie den gefrorenen Behälter aus dem Gefrierschrank, bauen Sie Ihre Eismaschine zusammen und schalten Sie sie ein. Gießen Sie den Sorbetboden in den Kanister und schleudern Sie ihn, bis er die Konsistenz von sehr weicher Schlagsahne hat.

e) Packen Sie das Sorbet in einen Vorratsbehälter. Drücken Sie ein Pergamentblatt direkt auf die Oberfläche und verschließen Sie es mit einem luftdichten Deckel. Frieren Sie im kältesten Teil Ihres Gefrierschranks mindestens 4 Stunden lang ein, bis sie fest sind.

35. Weizengras & Vinho Verde Sorbet

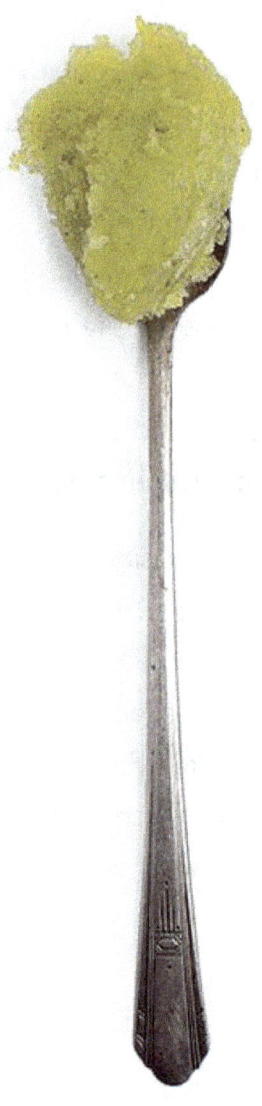

Macht ungefähr 1 Liter

Zutaten:

- 2 reife Birnen, halbiert, entkernt und gewürfelt
- 2 Granny Smith Äpfel, geschält, halbiert, entkernt und gewürfelt
- $\frac{1}{2}$ Tasse Weizengrassaft
- $\frac{1}{2}$ Tasse Vinho Verde
- $\frac{1}{4}$ Tasse heller Maissirup
- 1 Tasse Zucker
- 1 Esslöffel frischer Zitronensaft
- $\frac{1}{4}$ Teelöffel Kurkuma

Richtungen:

a) Prep Pürieren Sie die Birnen und Äpfel in einer Küchenmaschine, bis sie glatt sind. Kombinieren Sie das Püree, den Weizengrassaft und den Vinho Verde in einer mittelgroßen Schüssel.

b) Kochen Kombinieren Sie Maissirup, Zucker, Zitronensaft und Kurkuma, falls verwendet, in einem mittelgroßen Topf und bringen Sie es zum Kochen, rühren Sie um, um den Zucker aufzulösen. Vom Herd nehmen und unter das Birnen-Apfel-Püree rühren, bis alles gut vermischt ist. In eine mittelgroße Schüssel umfüllen und abkühlen lassen.

c) Chill Den Sorbetboden in den Kühlschrank stellen und mindestens 2 Stunden kalt stellen.

d) Einfrieren Nehmen Sie den gefrorenen Behälter aus dem Gefrierschrank, bauen Sie Ihre Eismaschine zusammen und schalten Sie sie ein. Gießen Sie den Sorbetboden in den Kanister und schleudern Sie ihn, bis er die Konsistenz von sehr weicher Schlagsahne hat.

e) Packen Sie das Sorbet in einen Vorratsbehälter. Drücken Sie ein Pergamentblatt direkt auf die Oberfläche und verschließen Sie es mit einem luftdichten Deckel. Frieren Sie im kältesten Teil Ihres Gefrierschranks mindestens 4 Stunden lang ein, bis sie fest sind.

GEBACKENE EISCREME DESSERTS

36. Schokoladenkuchen

Ergibt 8 bis 10 Portionen

Zutaten:

- 1¼ Tassen ungebleichtes Allzweckmehl oder glutenfreies Mehl
- 1¼ Tassen Zucker
- ½ Teelöffel Backpulver
- ½ Teelöffel feines Meersalz
- 4½ Unzen ungesüßte Schokolade (99% Kakao), fein gehackt
- ¼ Tasse ungesüßtes Kakaopulver
- 1 Tasse heißer Kaffee
- ⅔ Tasse Sauerrahm
- 1 großes Ei, geschlagen
- 2 Teelöffel Vanilleextrakt
- Schokoladenüberzug Zum Servieren
- Kakaopulver zum Bestäuben
- Eis nach Wahl zum Servieren

Richtungen:

a) Stellen Sie einen Rost in die Mitte des Ofens und heizen Sie den Ofen auf 325°F vor. Eine runde 9-Zoll-Kuchenform mit Butter bestreichen. Legen Sie ein Stück Pergament in den Boden und buttern Sie es ein, dann bestäuben Sie die Pfanne mit Mehl und schütteln Sie den Überschuss aus.

b) Mehl, Zucker, Natron und Salz in einer großen Schüssel verquirlen.

c) Schokolade und Kakao mischen. Den heißen Kaffee über die Mischung gießen und glatt rühren. Sauerrahm, Ei und Vanille unterrühren. Rühren Sie die Sauerrahmmischung in die Mehlmischung, bis sie sich gerade vermischt hat.

d) Kratzen Sie den Teig in die Kuchenform und streichen Sie die Oberseite mit der Rückseite eines Löffels glatt. 40 bis 45 Minuten backen, bis ein in die Mitte gesteckter Zahnstocher herauskommt und nur noch wenige feuchte Krümel daran haften. In der Pfanne auf einem Rost vollständig auskühlen lassen.

e) Den Kuchen umdrehen und das Pergament entfernen. Ein Bestäuben von Puderzucker ist alles, was dieser Kuchen braucht. Oder probieren Sie es mit einer Schicht Schokoladenglasur, bestäubt mit Kakaopulver und serviert mit einer Kugel Eis wie auf dem Foto.

37. Lady Kuchen

Ergibt 8 bis 12 Portionen

Zutaten:

- 1 Tasse Kuchenmehl (nicht selbstaufgehend), Weizengebäckmehl, Maisstärke oder glutenfreies Mehl
- ¼ Teelöffel Backpulver
- ½ Teelöffel Backpulver
- ¾ Teelöffel feines Meersalz
- 6 Esslöffel (¾ Stange) ungesalzene Butter, weich
- ¾ Tasse Zucker
- 2 große Eier, Zimmertemperatur
- 1 Teelöffel Vanilleextrakt
- ¾ Tasse Sauerrahm oder Buttermilch

Richtungen:

a) Den Backofen auf 325 °F vorheizen. Den Boden einer runden 9-Zoll-Kuchenform mit Butter bestreichen. Mit Pergamentpapier auslegen und das Papier einfetten. Mit Mehl bestäuben und den Überschuss ausschütteln.

b) Mehl, Backpulver, Backpulver und Salz zweimal vermischen. Beiseite legen. Butter und Zucker in einer mittelgroßen Schüssel mischen und mit einem elektrischen Mixer bei hoher Geschwindigkeit etwa 4 Minuten lang dick und blass schlagen, dabei die Seiten der Schüssel nach Bedarf abkratzen. 1 Ei hinzufügen und schlagen, bis es vollständig eingearbeitet ist. Fügen Sie das zweite Ei und die Vanille hinzu und schlagen Sie, bis es vollständig eingearbeitet ist. Kratzen Sie die Seiten der Schüssel ab und schlagen Sie den Teig, bis er glatt ist.

c) Etwa ein Drittel der Mehlmischung dazugeben und mit einem Gummispatel vorsichtig unterheben. Etwa die Hälfte der sauren Sahne unterheben. Ein weiteres Drittel der Mehlmischung dazugeben und unterheben, dann den restlichen Sauerrahm unterheben und zuletzt das restliche Mehl unterheben. Nicht übermischen.

d) Den Teig in die vorbereitete Pfanne geben. 40 bis 50 Minuten backen, bis ein in die Mitte gesteckter Zahnstocher herauskommt, an dem ein paar feuchte Krümel haften. In der Form auf einem Gitter 10 Minuten abkühlen lassen, dann den Kuchen auf ein Gitter stürzen, das Pergament entfernen und vollständig abkühlen lassen.

38. Baiserkuchen

Ergibt 8 Portionen

Zutaten:

- 4 große Eiweiße, bei Zimmertemperatur
- ¼ Teelöffel Weinstein
- 1 Tasse Zucker
- Basis für 1 Portion Eis Ihrer Wahl (am Vortag zubereitet und über Nacht gekühlt)

Richtungen:

a) Positionieren Sie die Roste im oberen und unteren Drittel des Ofens und heizen Sie den Ofen auf 200 ° F vor. Zeichnen Sie einen 8-Zoll-Kreis auf jedes von zwei Pergamentblättern, drehen Sie das Papier um und legen Sie zwei große Backbleche mit dem Pergament aus.

b) Mit einem elektrischen Mixer das Eiweiß in einer großen Schüssel bei mittlerer bis niedriger Geschwindigkeit etwa 45 Sekunden lang schaumig schlagen.

c) Den Weinstein hinzufügen, die Geschwindigkeit auf mittel-hoch erhöhen und das Eiweiß etwa 2 Minuten schlagen, bis es weiß und dick ist (die Konsistenz von Rasierschaum).

d) Langsam den Zucker einstreuen, schlagen, bis er eingearbeitet ist, dann das Eiweiß schlagen, bis es steife Spitzen bildet. (Drehen Sie den Schlägel auf den Kopf: Wenn die Spitzen nicht herabhängen, sind sie fertig.)

e) Passen Sie einen Spritzbeutel mit einer $\frac{1}{4}$-Zoll glatten Spitze an und füllen Sie ihn mit dem Baiser. Das Baiser spiralförmig in jeden gezeichneten Kreis spritzen, beginnend von der Mitte nach außen.

f) $1\frac{1}{2}$ Stunden backen oder bis die Baiser außen glatt, trocken und fest sind. Den Ofen ausschalten und die Baisers mehrere Stunden im Ofen abkühlen lassen.

g) Ein Stück Pergament zwischen die Baiser legen, in Frischhaltefolie wickeln und über Nacht einfrieren.

h) Nehmen Sie am nächsten Tag den gefrorenen Kanister aus dem Gefrierschrank, bauen Sie Ihre Eismaschine zusammen und schalten Sie sie ein. Gießen Sie den Eisboden in den Gefrierschrank und schleudern Sie ihn, bis er dick und cremig ist.

i) Wenn das Eis fertig ist, schalten Sie die Maschine aus und lassen Sie das Eis darin.

j) Nehmen Sie eine Baiser-Schale aus dem Gefrierschrank und legen Sie sie kopfüber auf ein mit Pergament ausgelegtes Backblech. Arbeiten Sie schnell, löffeln und verteilen Sie etwa 5 cm Eiscreme auf das Baiser, wobei Sie etwa $\frac{1}{2}$ Zoll vom Rand entfernt gehen.

k) Das zweite Baiser aus dem Gefrierschrank nehmen und schnell mit der rechten Seite nach oben darauf legen. Legen Sie den Baiserkuchen wieder in den Gefrierschrank und frieren Sie ihn mindestens 4 Stunden oder bis zu 1 Tag ein.

l) Packen Sie das restliche Eis in einen Vorratsbehälter. Drücken Sie ein Pergamentblatt direkt auf die Oberfläche und verschließen Sie es mit einem luftdichten Deckel. Frieren Sie es im kältesten Teil Ihres Gefrierschranks mindestens 4 Stunden lang ein, bis es fest ist, um es zu einem anderen Zeitpunkt zu servieren.

m) Zum Servieren den Kuchen aus dem Gefrierschrank nehmen, in 8 Stücke schneiden und sofort servieren.

39. Mochi-Kuchen

Ergibt 8 bis 10 Portionen

Zutaten:

- 2 Tassen süßes Reismehl
- 1¼ Tassen Zucker
- 1¾ Teelöffel Backpulver
- Prise gemahlener Zimt
- 1⅓ Tassen Kondensmilch
- 1¼ Tassen ungesüßte Kokosmilch
- 2 große Eier, Zimmertemperatur
- 1½ Teelöffel Vanilleextrakt
- 5½ Esslöffel ungesalzene Butter, geschmolzen

Richtungen:

a) Stellen Sie einen Rost in die Mitte des Ofens und heizen Sie den Ofen auf 350 ° F vor. Eine 9 mal 5 Zoll große Kastenform buttern.

b) Reismehl, Zucker, Backpulver und Zimt in eine große Schüssel sieben.

c) Kondensmilch, Kokosmilch, Eier, Vanille und Butter in eine Schüssel geben und verrühren. In die Mitte der trockenen Zutaten eine kleine Mulde formen, die flüssigen Zutaten einfüllen und rühren, bis alles gut vermischt ist.

d) Den Teig in die Kastenform füllen und 35 Minuten backen.

e) Die Kuchenform drehen und etwa 35 Minuten länger backen, bis ein in die Mitte des Kuchens gesteckter Zahnstocher herauskommt, an dem einige feuchte Krümel haften.

f) Den Kuchen in der Form auf einem Rost 10 Minuten abkühlen lassen, dann auf einen Rost umdrehen, um vollständig abzukühlen.

g) Schneiden Sie die Mochi in 1-Zoll-Würfel. 1 Esslöffel ungesalzene Butter in einer großen Bratpfanne schmelzen. Fügen Sie die Würfel hinzu, lassen Sie sie unten goldbraun ruhen und wiederholen Sie dann auf jeder Seite. Um Eis und Obst verstreut servieren.

40. Gemahlener Grieß-Pudding-Kuchen

Ergibt 8 bis 10 Portionen

Zutaten:

- 3 Tassen lauwarmes Wasser
- ¾ Tasse steingemahlene Körner
- 1¼ Tassen ungebleichtes Allzweckmehl oder glutenfreies Mehl
- 1½ Teelöffel Backpulver
- ½ Teelöffel feines Meersalz
- ½ Pfund (2 Sticks) ungesalzene Butter, weich
- 1 Tasse plus 2 Esslöffel Zucker
- 4 große Eier, Zimmertemperatur
- ½ Tasse Sauerrahm oder Buttermilch
- Ancho-Orangen-Karamell-Sauce zum Servieren
- Eis nach Wahl zum Servieren

Richtungen:

a) Bringen Sie das Wasser in einem 2-Liter-Topf zum Kochen.

b) Die Grütze unter ständigem Rühren dazugeben, dann unter gelegentlichem Rühren kochen, bis sie weich sind und sich etwas von den Seiten der Pfanne lösen, 25 bis 30 Minuten. Vom Herd nehmen und auf Raumtemperatur abkühlen lassen.

c) Stellen Sie einen Rost in die Mitte des Ofens und heizen Sie den Ofen auf 350 ° F vor. Eine 9 x 13 Zoll große Auflaufform buttern.

d) Mehl, Backpulver und Salz in einer mittelgroßen Schüssel verquirlen.

e) Butter und Zucker in einer großen Schüssel mit einem elektrischen Mixer etwa 2 Minuten hell und schaumig schlagen. Fügen Sie die Eier nacheinander hinzu und schlagen Sie sie nach jeder Zugabe gut.

f) Sauerrahm und Grütze einrühren, dann die Mehlmischung hinzufügen und rühren, bis sie eingearbeitet ist. Den Teig gleichmäßig in der vorbereiteten Pfanne verteilen.

g) Den Kuchen 35 bis 40 Minuten backen, bis er goldbraun ist und ein in die Mitte gesteckter Zahnstocher herauskommt, an dem ein paar feuchte Krümel haften. Legen Sie den Kuchen auf ein Gitter und lassen Sie ihn 5 Minuten in der Form abkühlen. Fahren Sie dann mit einem Messer um die Ränder des Kuchens, um ihn zu lösen, drehen Sie ihn auf ein Gitter und lassen Sie ihn vollständig abkühlen.

h) Mit einer gesunden Dosis Ancho-Orangen-Karamell-Sauce und ein oder zwei Kugeln Eis servieren.

41. Blechkuchen

Ergibt 8 bis 10 Portionen

Zutaten:

Teig

- 3¾ Tassen ungebleichtes Allzweckmehl
- 1½ Teelöffel feines Meersalz
- ¾ Tasse kaltes Gemüsefett
- 12 Esslöffel (1½ Sticks) ungesalzene Butter, in Stücke geschnitten und gekühlt, oder Gemüsefett
- ½ Tasse plus 1 Esslöffel Eiswasser
- 1 großes Ei
- 1 Teelöffel Wasser

Fruchtfüllung

- 3 Pfund Äpfel, Pflaumen, Pfirsiche oder Kirschen, in Scheiben geschnitten, geschält und entkernt; oder Rhabarber, in ½-Zoll-Stücke geschnitten; oder ganze Brombeeren, Himbeeren oder Blaubeeren

- ½ Teelöffel gemahlener Zimt, Kardamom oder Muskatnuss
- 1 Esslöffel frischer Zitronensaft
- ½ Tasse) Zucker
- ¼ Tasse Allzweckmehl

Richtungen:

a) Für den Teig Mehl und Salz in einer großen Schüssel vermischen. Mit zwei Messern oder einem Teigschneider das Fett und die Butter einschneiden, bis die Mischung grobkörnigem Mehl ähnelt. Eiswasser einrühren und gut vermischen.

b) Den Teig zu einer Kugel formen und mit dem Handballen auf einer Arbeitsfläche einige Sekunden leicht kneten, um die Fette gleichmäßig zu verteilen. Den Teig halbieren.

c) Jede Hälfte zu einer Kugel formen, zu einer Scheibe flach drücken und in Frischhaltefolie wickeln. Mindestens 1 Stunde kalt stellen.

d) In der Zwischenzeit für die Füllung die Früchte in eine große Schüssel geben, alle restlichen Zutaten hinzufügen und rühren, bis die Früchte gleichmäßig bedeckt sind.

e) Heizen Sie den Ofen auf 350 ° F vor.

f) Wenn der Teig eine Stunde geruht hat, eine Arbeitsfläche leicht bemehlen und ein Stück Teig zu einem 12 x 16 Zoll großen Rechteck ausrollen.

g) Rollen Sie den Teig auf dem Nudelholz auf und geben Sie ihn in eine Viertelblechform, zentrieren Sie ihn in der Form und drücken Sie den Teig gegen die Ränder.

h) Die Füllung in die Pfanne geben und dünn verteilen.

i) Rollen Sie das zweite Teigstück auf die Größe Ihrer Viertelblechform aus. Mit einem Keksausstecher ein paar Löcher einstechen, damit der Dampf entweichen kann, oder den Teig mehrmals mit einer Gabel einstechen.

j) Über die Füllung legen. Falten Sie die Ränder der unteren Kruste über die obere Kruste. Schlagen Sie das Ei mit 1 Teelöffel Wasser, um ein Ei zu waschen, und streichen Sie es über die Oberseite der Kruste.

k) 45 Minuten backen oder bis sie gleichmäßig gebräunt sind und die Ränder extra golden geworden sind.

l) Sofort servieren oder auf einem Rost abkühlen lassen und warm oder bei Raumtemperatur servieren.

42. Französische Eistörtchen

Ergibt 12 Torten

Zutaten:

- 1 Charge Zuckerteig (Rezept folgt)
- Etwa 1 Liter Eis deiner Wahl, wie z Gefrorener Vanillepudding mit gesalzener Vanille
- ½ Tasse Aprikosenmarmelade, im Laden gekauft oder hausgemacht
- 3 Pints frisches Obst nach Wahl, gekühlt
- Schlagsahne (Optional)

Richtungen:

a) Heizen Sie den Ofen auf 350 ° F vor. Schneiden Sie 12 Pergamentkreise aus und legen Sie zwölf 4-Zoll-Tortenformen aus.

b) Den Teig etwa Zoll dick ausrollen. Schneiden Sie zwölf 5-Zoll-Runden aus. Jede Runde in eine Tarteform geben. Auf ein Backblech legen.

c) 20 Minuten backen, bis sie goldbraun sind. Auf einem Rost vollständig auskühlen lassen, die Tortenschalen aus den Formen nehmen und mindestens 30 Minuten einfrieren.

d) Die Tortenschalen aus dem Gefrierschrank nehmen, zur Hälfte mit frisch zubereitetem oder weichem Eis füllen und für mindestens 1 Stunde in den Gefrierschrank stellen. Die gekühlten Früchte mit der Aprikosenmarmelade vermischen.

e) Die Tortenschalen aus dem Gefrierschrank nehmen und mit Haufen oder Mustern aus glasierten Früchten und Schlagsahne belegen. Dienen.

43. Zuckerteig

Reicht für 12 Handtörtchen oder Piekies

Zutaten:

- 1½ Tassen ungebleichtes Allzweckmehl
- ⅓ Tasse Zucker
- 8 Esslöffel (1 Stück) ungesalzene Butter, in ½-Zoll-Würfel geschnitten und gekühlt
- 2 Unzen (4 Esslöffel) Frischkäse
- 2 große Eigelb, leicht geschlagen
- 2 Esslöffel sehr kalte Sahne

Richtungen:

a) Mehl, Zucker, Butter und Frischkäse in eine Küchenmaschine geben und pulsieren, bis die Mischung wie Mandelmehl aussieht.

b) Fügen Sie das Eigelb und die Sahne hinzu und pulsieren Sie (oder mischen Sie weiter mit Ihren Händen, bis es gleichmäßig vermischt ist).

c) Den Teig halbieren. Kneten Sie die Hälfte des Teigs, bis er sich zu einer

Kugel zusammenfügt, und drücken Sie ihn dann in eine flache Scheibe von etwa 5 cm Dicke. Machen Sie dasselbe mit der zweiten Hälfte.

d) Wickeln Sie jede Teigportion in Frischhaltefolie und kühlen Sie sie mindestens 1 Stunde lang, bevor Sie sie verwenden.

44. Piekies

Ergibt 12 bis 24 Piekies

Zutaten:

- Zuckerteig
- 1 Tasse Zucker
- 1 Esslöffel Maisstärke
- 1 Pfund Erdbeeren, Pflaumen, Pfirsiche, Nektarinen und/oder Äpfel, geschält, entkernt und mit einer Mandoline oder einem sehr scharfen Messer sehr dünn geschnitten, oder Kirschen, entkernt und gewürfelt oder eine Kombination

Richtungen:

a) Heizen Sie den Ofen auf 350 ° F vor. Zwei Backbleche einfetten oder mit Backpapier auslegen.

b) Den Teig etwa Zoll dick ausrollen. Mit einem Keks- oder Ausstecher in $2\frac{1}{2}$- bis 3-Zoll-Kreise schneiden und auf die Backbleche legen.

c) Zucker und Maisstärke in einer kleinen Schüssel mischen. Bestreichen Sie jede

Fruchtscheibe großzügig, indem Sie sie in die Zuckermischung tauchen und wenden, um sie zu beschichten.

d) Eine Scheibe in die Mitte eines Teigkreises legen, dann weitere Fruchtscheiben darum herum anordnen. Überlappen Sie die Früchte nach Bedarf. Mit dem restlichen Teig und den Früchten wiederholen.

e) 25 Minuten backen, bis sie goldbraun sind. Aus dem Ofen nehmen und 2 Minuten auf der Pfanne abkühlen lassen, dann auf ein Kuchengitter legen und vollständig abkühlen lassen.

f) Direkt neben Ihrem Lieblingseis servieren oder bis zu 3 Tage gekühlt aufbewahren.

45. Apfel Rhabarber Bette

Ergibt 9 Portionen

Zutaten:

- 1 Pfund Honeycrisp- oder Pink Lady-Äpfel, geschält, entkernt und in Scheiben geschnitten
- 1 Pfund Rhabarber, getrimmt und in $\frac{1}{4}$ Zoll Scheiben geschnitten
- $\frac{1}{4}$ Teelöffel gemahlener Zimt
- $\frac{1}{8}$ Teelöffel gemahlene Muskatnuss
- $\frac{1}{2}$ Teelöffel feines Meersalz
- 2 Esslöffel frischer Zitronensaft
- 1 Tasse Zucker
- 1 Esslöffel ungebleichtes Allzweckmehl
- 10 Unzen Croissants oder Brioche (Krusten entfernt), in 1-Zoll-Würfel geschnitten (ca. $4\frac{1}{2}$ Tassen)
- 12 Esslöffel ($1\frac{1}{2}$ Stäbchen) ungesalzene Butter, geschmolzen

Richtungen:

a) Den Ofen auf 375°F vorheizen. Eine 8 x 8 Zoll große Auflaufform mit Butter bestreichen.

b) Äpfel und Rhabarber in einer mittelgroßen Schüssel vermischen. Zimt, Muskatnuss, Salz, Zitronensaft, ¾ Tasse Zucker und Mehl hinzufügen und rühren, bis sich der Zucker aufgelöst hat und die geschnittenen Früchte vollständig bedeckt sind.

c) Kombinieren Sie das Brot und die restlichen ¼ Tasse Zucker in einer anderen mittelgroßen Schüssel. Gießen Sie ½ Tasse der geschmolzenen Butter über das Brot und werfen Sie es vorsichtig um, damit die Würfel größtenteils intakt bleiben, um es zu beschichten.

d) Zum Zusammenbauen der Bette zwei Drittel der Früchte auf dem Boden der Auflaufform verteilen. Ein Drittel des Brotes über die Früchte streuen. Mit den restlichen Früchten und Brot wiederholen.

e) Gießen Sie die restliche $\frac{1}{4}$ Tasse Butter darüber und bedecken Sie sie mit Aluminiumfolie. 40 Minuten backen. Entfernen Sie die Folie und backen Sie 10 bis 15 Minuten weiter, bis sie braun sind. Heiß aus dem Ofen servieren.

46. Blaubeerwackelpudding

Ergibt 9 Portionen

Zutaten:

- 2½ Pfund Blaubeeren
- 1 Tasse Zucker
- ¼ Teelöffel feines Meersalz
- Saft von 1 Zitrone
- ½ Teig für Süße Sahne-Shortcakes

Richtungen:

a) Butter eine 8 x 8-Zoll-Backform.

b) Kombinieren Sie die Blaubeeren mit dem Zucker, Salz und Zitronensaft in einer mittelgroßen Schüssel und werfen Sie sie zum Überziehen.

c) In die vorbereitete Pfanne geben. Löffeln Sie den Teig über die Früchte, sodass 9 gleiche Kekse hergestellt werden.

d) Den Ofen auf 375°F vorheizen.

e) Den Schuster 35 Minuten backen, bis die Oberseite der Kekse goldbraun ist und die Beeren sprudeln.

f) Aus dem Ofen nehmen und vor dem Servieren etwas abkühlen lassen.

47. Birne & Brombeer Crisp

Ergibt 9 Portionen

Zutaten:

Streusel

- ¾ Tasse ungebleichtes Allzweckmehl
- ¼ Tasse verpackter dunkelbrauner Zucker
- ¼ Teelöffel gemahlener Zimt
- ⅛ Teelöffel gemahlene Muskatnuss
- 5 Esslöffel ungesalzene Butter, gewürfelt und gekühlt
- ¾ Tasse gehobelte Mandeln, gehobelte ungesüßte Kokosflocken oder Haferflocken

Fruchtfüllung

- 1 Pfund Comice- oder Bartlett-Birnen (etwa 2 Birnen), geschält, entkernt und in ½ Zoll dicke Keile geschnitten
- 2 Tassen Brombeeren
- ¾ Tasse Zucker

- 2 Esslöffel Allzweckmehl
- ¼ Teelöffel gemahlener Zimt
- ⅛ Teelöffel geriebene Muskatnuss
- ½ Teelöffel feines Meersalz
- 2 Esslöffel Butter

Richtungen:

a) Den Backofen auf 325 °F vorheizen.

b) Für die Streusel Mehl, Zucker, Zimt und Muskatnuss in einer kleinen Schüssel vermischen. Fügen Sie die Butter hinzu und reiben Sie sie mit den Fingerspitzen ein, bis die Mischung einem groben Mehl ähnelt.

c) Fügen Sie die Mandeln hinzu und reiben Sie die Mischung mit den Fingerspitzen, bis sich kleine Klumpen bilden. Auf einem Backblech verteilen.

d) Die Streusel 20 Minuten backen. Mit einer Gabel auflockern und bei Bedarf einige Minuten länger backen, bis sie goldbraun sind.

e) Aus dem Ofen nehmen und abkühlen lassen. Erhöhen Sie die Ofentemperatur auf 375 ° F.

f) Eine 8 x 8 Zoll große Auflaufform mit Butter bestreichen. Birnen, Beeren, Zucker, Mehl, Gewürze und Salz in einer großen Schüssel vermengen.

g) Auf das vorbereitete Gericht übertragen. Mit der Butter bestreichen. Streusel gleichmäßig darüber verteilen.

h) 45 Minuten backen, bis die Fruchtsäfte sprudeln und eingedickt sind und die Streusel dunkelbraun sind. Vor dem Servieren etwas abkühlen.

48. Bauer Haus Kekse

Ergibt ungefähr 13 Kekse

Zutaten:

- ¼ Unze (1 Päckchen) aktive Trockenhefe
- ¼ Tasse lauwarmes Wasser (105° bis 115 °F)
- 2 Esslöffel Zucker
- 3¼ Tassen selbstaufgehendes Mehl, vorzugsweise White Lily gebleicht
- 6 Esslöffel (¾ Stange) kalte ungesalzene Butter, in Esslöffel geschnitten
- 1 Tasse Buttermilch, bei Zimmertemperatur
- 2 Esslöffel gesalzene Butter, weich, für die Keksoberseite

Richtungen:

a) Kombinieren Sie die Hefe, lauwarmes Wasser und 1 Teelöffel Zucker in einer mittelgroßen Schüssel. Beiseite stellen, bis die Hefe schaumig aussieht, etwa 10 Minuten.

b) Mehl und die restlichen 5 Teelöffel Zucker in einer großen Schüssel verrühren.

c) Mit einem Teigschneider oder zwei Messern die Butter einschneiden, bis die Masse mehlig aussieht.

d) Buttermilch in die aufgelöste Hefe einrühren. Mit einer Gabel die Mehlmischung einrühren, bis sie feucht ist und ein zottiger Teig entsteht.

e) Abgedeckt über Nacht oder bis zu 3 Tage kühl stellen.

f) Den Teig aus dem Kühlschrank nehmen und kurz durchkneten, ca. 8 Umdrehungen, bis er zusammenkommt und die Oberfläche glatt aussieht.

g) Auf einer sehr leicht bemehlten Oberfläche zu einem 7 x 11 Zoll großen Rechteck mit einer Dicke von etwa $\frac{3}{4}$ Zoll ausrollen und das Nudelholz nach Bedarf sparsam bemehlen. Bürsten Sie überschüssiges Mehl vom Teig und falten Sie ein kurzes Ende über die Mitte des

Teigs, dann falten Sie das andere Ende so, dass der Teig in Drittel gefaltet ist.

h) Drehen Sie den Teig eine Umdrehung, sodass ein kurzes Ende zu Ihnen zeigt, und rollen Sie ihn etwa Zoll dick aus. Überschüssiges Mehl abbürsten und den Teig erneut zu Dritteln falten.

i) Drehen Sie den Teig noch einmal und rollen Sie ihn vorsichtig auf etwa $\frac{1}{2}$ Zoll dick aus; Das fertige Rechteck wird ungefähr 7 Zoll mal 11 Zoll groß sein.

j) Mit einem 2-Zoll-Rundschneider 13 Kekse ausstanzen. Achten Sie darauf, dass der Teig noch sehr kalt ist (ggf. kühlen), damit der Ausstecher sauber schneidet; Wenn der Teig zu weich ist, kann der Ausstecher die Seiten versiegeln und die Kekse gehen nicht auf.

k) Ordnen Sie die Kekse in einer ungefetteten runden 9-Zoll-Kuchenform an, 10 außen und 3 in der Mitte. Sammeln Sie die Reste zusammen, rollen Sie sie aus und schneiden Sie weitere Kekse.

l) Legen Sie diese in eine kleinere Pfanne, um Ihnen oder Ihren Kleinen eine Freude zu machen – sie sehen nicht perfekt aus, aber sie werden trotzdem gut schmecken.

m) Die Kekse mit einem feuchten, fusselfreien Tuch abdecken und an einem warmen Ort (ca. 80 °C) gehen lassen, bis sich ihr Volumen verdoppelt hat, ca. 2 Stunden.

49. Süße Sahne-Shortcakes

Ergibt 9 bis 12 Portionen

Zutaten:

- 3 Tassen selbstaufgehendes Mehl, vorzugsweise Weiße Lilie
- 4 EL kalte ungesalzene Butter
- 2⅔ Tassen Sahne

Richtungen:

a) Den Ofen auf 450 ° F vorheizen. Eine viertel Blechpfanne einfetten.

b) Mehl und kalte Butter in eine Küchenmaschine geben und 15 mal pulsieren. Fügen Sie die Sahne hinzu und pulsieren Sie, bis sich der Teig zu einem zottigen Durcheinander zusammenfügt.

c) Den Teig auf eine leicht bemehlte Fläche stürzen und zusammendrücken.

d) Falten Sie den Teig in zwei Hälften und falten Sie ihn dann zwei- oder dreimal über sich selbst, bis er nicht mehr klumpig ist. Verteile den Teig auf der

Pfanne – er lässt sich leicht verteilen, sodass du deine Hände benutzen kannst.

e) 20 bis 25 Minuten backen, oder bis sie leicht goldbraun sind. Kuchen aus dem Ofen nehmen und auf einem Gitter auskühlen lassen.

50. Schokoladentrüffelkekse

Ergibt ungefähr 16 Kekse

Zutaten:

- 8 Esslöffel (1 Stick) ungesalzene Butter
- 8 Unzen dunkle Schokolade (64 % Kakao oder mehr), grob gehackt
- $\frac{1}{2}$ Tasse ungebleichtes Allzweckmehl oder glutenfreies Mehl
- 2 Esslöffel in den Niederlanden verarbeitetes Kakaopulver (99% Kakao)
- $\frac{1}{4}$ Teelöffel feines Meersalz
- $\frac{1}{4}$ Teelöffel Backpulver
- 2 große Eier, Zimmertemperatur
- $\frac{1}{2}$ Tasse) Zucker
- 2 Teelöffel Vanilleextrakt
- 1 Tasse dunkle Schokoladenstückchen (64% Kakao oder mehr)

Richtungen:

a) Schmelzen Sie die Butter und die dunkle Schokolade in einem Wasserbad bei schwacher Hitze und rühren Sie gelegentlich um, bis sie vollständig geschmolzen sind. Vollständig abkühlen.

b) Mehl, Kakaopulver, Salz und Backpulver in einer kleinen Schüssel vermischen. Beiseite legen.

c) Mit einem elektrischen Mixer Eier und Zucker in einer großen Schüssel bei hoher Geschwindigkeit etwa 2 Minuten lang leicht und flaumig schlagen. Fügen Sie die Vanille hinzu, fügen Sie dann die geschmolzene Schokolade und Butter hinzu und schlagen Sie 1 bis 2 Minuten, bis sich alles verbunden hat.

d) Die Seitenwände der Schüssel abkratzen und mit einem großen Gummispatel die trockenen Zutaten einrühren, bis sie eingearbeitet sind. Die Schokoladenstückchen unterheben. Mit Plastikfolie abdecken und mindestens 4 Stunden kühl stellen.

e) Stellen Sie einen Rost in die Mitte des Ofens und heizen Sie den Ofen auf

325°F vor. Ein Backblech mit Pergamentpapier auslegen.

f) Befeuchten Sie Ihre Hände mit Wasser und rollen Sie den Teig zu 2-Zoll-Kugeln, indem Sie sie etwa 5 cm voneinander entfernt auf das mit Backpapier ausgelegte Backblech legen. Arbeiten Sie schnell, und wenn Sie die Kekse in Chargen backen, stellen Sie den restlichen Teig zwischen den Runden in den Kühlschrank.

g) 12 bis 13 Minuten backen, bis die Ränder leicht aufgegangen sind und die Mitte größtenteils fest ist. Aus dem Ofen nehmen und auf der Pfanne mindestens 10 Minuten abkühlen lassen, dann auf ein Rost geben und vollständig abkühlen lassen.

Eiscreme-Sandwiches zusammenstellen

h) Die Kekse auf eine Blechpfanne legen und 1 Stunde einfrieren. 1 Liter Eis einweichen, bis es schöpfbar ist. Ich mag es einfach zu halten und zu verwendenSüßes Sahneeis, aber Sie können jede gewünschte Geschmacksrichtung verwenden.

i) Nehmen Sie die Kekse aus dem Gefrierschrank und schöpfen Sie zügig 2 bis 4 Unzen Eiscreme auf einen Keks. Smoosen Sie das Eis, indem Sie einen weiteren Keks darauf legen. Wiederholen.

j) Wenn Sie alle Sandwiches fertig zusammengebaut haben, legen Sie sie zum Aushärten mindestens 2 Stunden in den Gefrierschrank.

51. Haferflocken-Creme-Sandwiches

Macht 24 Kekse

Zutaten:

- 1½ Tassen ungebleichtes Allzweckmehl
- 2 Tassen schnell kochender Hafer (Instant-Haferflocken)
- 1 Teelöffel Backpulver
- ¼ Teelöffel gemahlener Zimt
- ½ Pfund (2 Sticks) ungesalzene Butter, weich
- 1½ Tassen verpackter hellbrauner Zucker
- ¾ Teelöffel feines Meersalz
- 1 Teelöffel Vanilleextrakt
- 2 große Eier, Zimmertemperatur
- 1 Viertel Bauernkäse & Guavenmarmelade Eis, oder anderes Eis deiner Wahl

Richtungen:

a) Stellen Sie einen Rost in die Mitte des Ofens und heizen Sie den Ofen auf

325°F vor. Zwei Backbleche mit
Pergament auslegen.

b) Mehl, Haferflocken, Backpulver und Zimt in eine Schüssel geben und gründlich vermischen. Die Butter mit einem elektrischen Mixer in einer großen Schüssel glatt und cremig schlagen.

c) Fügen Sie den Zucker und das Salz hinzu und schlagen Sie, bis die Mischung hell und flaumig ist; Kratzen Sie die Seiten der Schüssel nach Bedarf ab. Fügen Sie den Vanilleextrakt hinzu und schlagen Sie ihn, um ihn zu kombinieren.

d) Fügen Sie die Eier nacheinander hinzu und schlagen Sie sie nach jeder Zugabe gut. Der Teig sollte glatt und cremig sein.

e) Fügen Sie die Hälfte der trockenen Zutaten hinzu und mischen Sie bei niedriger Geschwindigkeit, bis sie sich gerade vermischt haben. Fügen Sie das restliche Mehl hinzu und mischen Sie, bis es kombiniert ist. Achten Sie darauf, den Teig nicht zu überarbeiten.

f) Verwenden Sie eine 1-Unzen-Schaufel, um den Teig auf die Backbleche zu verteilen, und halten Sie die Kekse etwa 5 cm auseinander.

g) Die Kekse mit dem Handballen oder dem Rücken eines Holzlöffels leicht platt drücken.

h) Die Kekse 7 Minuten backen. Die Pfanne drehen und weitere 4 bis 6 Minuten backen, oder bis die Kekse an den Rändern sehr leicht gebräunt sind, aber in der Mitte kaum festsitzen.

i) Die Kekse 10 Minuten auf dem Backblech abkühlen lassen. Dann stapeln Sie sie in einem Behälter oder in einem 1-Gallonen-Ziplock-Gefrierbeutel und frieren Sie sie 2 Stunden lang ein.

j) Um die Sahnesandwiches zusammenzusetzen, legen Sie 3 gefrorene Kekse auf eine Blechpfanne. Geben Sie auf jeden Keks eine runde Kugel (2 bis 3 Unzen) leicht aufgeweichtes Eis.

k) Mit drei weiteren Keksen belegen und die beiden Kekse zusammendrücken, bis das Eis flach wird und auf die äußeren Ränder trifft.

l) Legen Sie die fertig montierten Sahnesandwiches zurück in den Gefrierschrank und wiederholen Sie den Vorgang mit den restlichen Keksen.

52. Windbeutel & clairs Ring Cake

Ergibt 6 bis 12 Portionen

Zutaten:

- 1 Tasse lauwarmes Wasser

- 4 Esslöffel (½ Stick) ungesalzene Butter, in Stücke geschnitten

- 1 Tasse ungebleichtes Allzweckmehl oder glutenfreies Mehl

- 4 große Eier, Zimmertemperatur

- Gefrorener Vanillepudding mit gesalzener Vanille oder Salzige Ziegenmilchschokolade Frozen Custard

- Schokoladenüberzug (verwenden Sie 4 EL Vollmilch)

Richtungen:

a) Den Backofen auf 400 °C vorheizen.

b) Wasser und Butter in einem mittelschweren Topf vermischen und zum Kochen bringen, dabei umrühren, um die Butter zu schmelzen. Gießen Sie das gesamte Mehl hinein und mischen Sie, bis die Mischung eine Kugel bildet.

c) Vom Herd nehmen und die Eier nacheinander mit einem elektrischen Mixer unterrühren.

Für Windbeutel

d) Löffeln Sie sechs 4-Zoll-einzelne Teighügel auf ein ungefettetes Backblech (für kleinere Hauche machen Sie zwölf 2-Zoll-Hügel). Backen, bis sie goldbraun sind, etwa 45 Minuten. Aus dem Ofen nehmen und abkühlen lassen.

Für clairs

e) Passen Sie einen Spritzbeutel mit einer glatten $\frac{1}{4}$-Zoll-Spitze an und spritzen Sie dann sechs bis zwölf 4-Zoll-Streifen auf ein ungefettetes Backblech. Backen, bis sie goldbraun sind, etwa 45 Minuten. Aus dem Ofen nehmen und abkühlen lassen.

Für einen Ringkuchen

f) Lassen Sie gleichmäßige Löffel Teig auf ein ungefettetes Backblech fallen, um ein 12-Zoll-Oval zu erhalten. 45 bis 50 Minuten goldbraun backen. Aus dem Ofen nehmen und abkühlen lassen.

Zusammensetzen

g) Bereiten Sie die Glasur vor. Windbeutel, Eclairs oder Ringkuchen halbieren. Mit dem Eis auffüllen und die Oberseite(n) wieder aufsetzen.

h) Für Windbeutel die Oberseite jedes Windbeutels in die Schokolade tauchen. Für Eclairs die Glasur großzügig darüberlöffeln. Für den Ringkuchen zusätzlich 5 EL Milch in die Glasur einrühren; über den Ringkuchen träufeln.

i) Zum Servieren das Gebäck oder die Kuchenstücke auf Tellern anrichten.

53. Kataifi-Nester

Macht 18 bis 24 Nester

Zutaten:

- ½ Pfund (2 Stangen) ungesalzene Butter
- 1 Tasse Honig
- Ein 1-Pfund-Paket gefrorene Kataifi
- Meersalz

Richtungen:

a) Den Ofen auf 375°F vorheizen.

b) Butter und Honig in einem großen Topf vermischen und bei mittlerer bis niedriger Hitze erhitzen, dabei rühren, bis die Butter geschmolzen ist. Zum Kombinieren verquirlen und beiseite stellen.

c) Entfalten Sie das Kataifi auf einer Arbeitsplatte. Greifen Sie mit einer Hand ein Ende eines Bündels von Strängen von etwa $\frac{1}{2}$ Zoll Dicke und wickeln Sie das Kataifi mit der anderen Hand um die Finger (aber nicht den Daumen) der Hand, die das Kataifi hält. Wenn Sie das Kataifi fast vollständig um Ihre Finger gewickelt haben, drehen Sie das lose Ende in das Nest, um es zu sichern, und legen Sie es auf ein ungefettetes Backblech. Wiederholen Sie dies mit den restlichen Kataifi.

d) 10 bis 15 Minuten backen oder bis sie goldbraun sind. Die Nester aus dem Ofen nehmen und mit der Honigbutter bestreichen/tupfen. Jeden mit ein paar Flocken Salz bestreuen.

e) Die Nester bleiben bei Raumtemperatur bis zu 3 Tage frisch.

f) Mit einer Kugel warm oder kühl servieren Mango Lassi Frozen Yogurt, oder einen anderen gefrorenen Joghurt oder Eiscreme.

54. Gusseiserner Pfannkuchen

Ergibt 8 bis 10 Portionen

Zutaten:

- 4 Esslöffel (½ Stick) ungesalzene Butter
- 4 große Eier, Zimmertemperatur
- ¾ Tasse ungebleichtes Allzweckmehl
- ¾ Tasse Vollmilch
- Prise feines Meersalz
- 3 EL gesalzene Butter, geschmolzen
- Puderzucker
- 1 Zitrone

Richtungen:

a) Den Backofen auf 425 °C vorheizen.

b) Geben Sie die ungesalzene Butter in eine 10-Zoll-Gusseisenpfanne und stellen Sie sie in den Ofen, um die Pfanne vorzuheizen und die Butter zu schmelzen.

c) In der Zwischenzeit die Eier in einer Schüssel schlagen, dann das Mehl, die Milch und das Salz hinzufügen und umrühren, um alles zu vermischen; der Teig sollte noch klumpig sein.

d) Wenn der Ofen vorgeheizt ist, entfernen Sie vorsichtig die heiße Pfanne (mit Topfhandschuhen) und gießen Sie den Teig hinein. Stellen Sie die Pfanne sofort wieder in den Ofen und backen Sie sie 20 Minuten lang oder bis der Pfannkuchen aufgedunsen und goldbraun ist.

e) Aus dem Ofen nehmen und die geschmolzene gesalzene Butter darüber gießen. Mit Puderzucker und etwas Zitronenschale bestreuen (Microplane Reibe verwenden) und etwas Zitronensaft darüber pressen.

f) In Scheiben schneiden, mit mehr Puderzucker bestreuen und sofort mit Eis oder Frozen Yogurt servieren.

55. Peoria Maiskrapfen

Dient 8 bis 10

Zutaten:

- 5 Tassen Pflanzenöl, zum Frittieren
- 2 Tassen Puderzucker
- 2 Ähren frischer Mais oder $1\frac{1}{2}$ Tassen aufgetauter gefrorener Mais
- 3 große Eier
- $1\frac{1}{2}$ Tassen Vollmilch oder 2% Milch
- $2\frac{1}{2}$ Tassen ungebleichtes selbstaufgehendes Mehl

Richtungen:

a) Erhitze das Öl in einem 4-Liter-Topf bei mittlerer Hitze, bis es 365°F erreicht.

b) Puderzucker in eine große Schüssel geben und beiseite stellen.

c) Wenn Sie frische Maiskolben verwenden, schneiden Sie die Körner vom Kolben ab und „melken" Sie den Maiskolben, indem Sie mit dem Messerrücken abkratzen, um die Flüssigkeit zu extrahieren;

Reserve 1½ Tassen der Kerne und Flüssigkeit.

d) Schlagen Sie die Eier in einer mittelgroßen Schüssel auf und schlagen Sie sie mit einer Gabel, bis sie gleichmäßig gelb sind.

e) Fügen Sie die Milch hinzu und schlagen Sie mit der Gabel, bis sie eingearbeitet ist. Fügen Sie das Mehl hinzu und mischen Sie es gut, dann fügen Sie den Mais hinzu und mischen Sie, um zu mischen.

f) Wenn das Öl 365°F erreicht hat oder wenn ein Tropfen Teig auf den Boden sinkt und schnell wieder mit Blasen rundherum aufschwimmt, lassen Sie 3 Löffel Teig nacheinander in gleichmäßigen Abständen in das Öl fallen.

g) Die Krapfen 4 Minuten braten, umdrehen und weitere 4 Minuten braten, bis sie tief goldbraun sind.

h) Mit einem Schaumlöffel aus dem Öl nehmen, einige Sekunden auf

Küchenpapier abtropfen lassen und den Puderzucker einrühren. Wiederholen, bis der gesamte Teig aufgebraucht ist.
Warm servieren.

56. Nordmarkt Waffeln

Ergibt 8 bis 10 Portionen

Zutaten:

- 2½ Tassen Vollmilch
- ½ Pfund (2 Stangen) ungesalzene Butter, in 16 Stücke geschnitten
- 3 Tassen ungebleichtes Allzweckmehl oder glutenfreies Mehl
- 1 Tasse Vollkornmehl oder glutenfreies Mehl
- 2 Esslöffel Zucker
- 2 Teelöffel feines Meersalz
- 1 Esslöffel Instanthefe
- 4 große Eier, Zimmertemperatur
- 2 Teelöffel Vanilleextrakt

Richtungen:

a) Mehl, Zucker, Salz und Hefe in einer großen Schüssel mischen. Die Milchmischung hinzufügen und glatt rühren.

b) Die Eier und die Vanille in einer kleinen Schüssel verquirlen, bis sie sich vermischt haben, dann zum Teig geben und verquirlen, bis sie eingearbeitet sind. Die Seiten der Schüssel mit einem Gummispatel abkratzen und glatt rühren.

c) Decken Sie die Schüssel mit Plastikfolie ab und kühlen Sie sie für mindestens 12 Stunden und bis zu 24 Stunden.

d) Erhitzen Sie Ihr Waffeleisen (beachten Sie immer die Anweisungen des Herstellers). Den Waffelteig aus dem Kühlschrank nehmen. Der Teig wird entleert; verquirlen Sie es, um es zu rekombinieren.

e) Verwenden Sie etwa $\frac{1}{2}$ Tasse Teig pro Waffel in einem 7-Zoll-Rundeisen oder etwa 1 Tasse in einem 9 x 9-Zoll-Eisen.

f) Die Waffeln 4 Minuten backen oder bis sie goldbraun, aber nicht braun und nicht karamellisiert oder geröstet sind.

g) Sofort servieren oder in einer einzigen Schicht auf einem Kuchengitter in einem

Ofen bei 200°F warm halten, während
Sie die restlichen Waffeln backen.

57. Süße Empanadas

Ergibt 10 bis 12 Empanadas

Zutaten:

Teig

- 3 Tassen ungebleichtes Allzweckmehl
- 3 Esslöffel Zucker
- $\frac{3}{4}$ Teelöffel feines Meersalz
- $\frac{1}{2}$ Tasse hochwertiges Schmalz oder Gemüsefett
- 1 großes Ei, geschlagen
- 1 Tasse Buttermilch

Füllung

- 1 Pfund Äpfel, Pfirsiche, Pflaumen oder Aprikosen, geschält, entkernt oder entkernt und gewürfelt oder 1 Pfund Blaubeeren, Brombeeren oder Himbeeren
- $\frac{1}{2}$ Tasse) Zucker
- $\frac{1}{4}$ Teelöffel feines Meersalz
- 2 Esslöffel Zitronensaft

- 1 Teelöffel Maisstärke

- Pflanzenöl zum Frittieren

Richtungen:

a) Um den Teig zu machen, mischen Sie Mehl, Zucker, Salz und Schmalz in einer Küchenmaschine und pulsieren Sie 10 bis 15 Mal, bis die Mischung groben Krümeln ähnelt, mit einigen größeren Schmalzflocken.

b) Fügen Sie das geschlagene Ei hinzu, rühren Sie es vorsichtig mit einer Gabel um, fügen Sie dann die Buttermilch hinzu und rühren Sie vorsichtig um, bis alles zusammenkommt. Den Teig zu einer Kugel formen und in Frischhaltefolie wickeln. Mindestens 1 Stunde kalt stellen.

c) Für die Füllung Früchte, Zucker, Salz, Zitronensaft und Maisstärke in einem mittelgroßen Topf vermischen und bei mittlerer Hitze unter Rühren köcheln lassen, bis die Mischung leicht eingedickt ist. Vom Herd nehmen und abkühlen lassen.

d) Um die Empanadas zusammenzusetzen, rollen Sie den Teig auf einer bemehlten Oberfläche zu einem großen Rechteck von etwa Zoll Dicke aus. Verwenden Sie einen 4- oder 5-Zoll-Keksausstecher, um 10 bis 12 Kreise aus dem Blech zu schneiden.

e) Restliche Reste locker aufsammeln, festkneten, bis der Teig wieder zusammenkommt, wie zuvor ausrollen und weitere Kreise ausstechen; nach Bedarf wiederholen.

f) 2 bis $2\frac{1}{2}$ Esslöffel Füllung in die Mitte einer Teigrunde geben. Falten Sie den Teig in zwei Hälften und kräuseln Sie die Ränder zum Verschließen. Wiederholen Sie mit den restlichen Runden und Füllung.

g) Das Pflanzenöl in einem großen tiefen Topf auf 365°F erhitzen. Die Empanadas portionsweise braten, dabei einmal wenden, 2 bis 4 Minuten pro Seite, bis der Teig satt goldbraun ist.

h) Auf Küchenpapier abtropfen lassen und in einem warmen Ofen auf einen Teller geben, während Sie den Rest der Empanadas kochen. Warm servieren.

58. Eiscreme-Brotpudding

Ergibt 8 bis 10 Portionen

Zutaten:

- 3 Tassen Brioche, grob zerrissen
- 4 große Eier, Zimmertemperatur
- 1 Pint übrig gebliebenes Vanilleeis, geschmolzen
- $\frac{3}{4}$ Tasse lauwarmes Wasser
- 1 Tasse Zucker
- Whisky-Karamell-Sauce

Richtungen:

a) Heizen Sie den Ofen auf 350 ° F vor.

b) Legen Sie die Brioche in eine 9 x 13 Zoll große Auflaufform. Die Eier in einer großen Schüssel schlagen. Das geschmolzene Eis, Wasser und Zucker dazugeben und gut vermischen. Die Mischung über die Brioche gießen und 15 Minuten ruhen lassen.

c) 35 Minuten backen oder bis die Oberseite karamellisiert aussieht. Aus dem Ofen nehmen, mit der Sauce übergießen und warm servieren.

59. Bananen Foster

Ergibt 8 Portionen

Zutaten:

- 4 Esslöffel (½ Stick) ungesalzene Butter, weich
- ½ Tasse verpackter dunkelbrauner Zucker
- 2 Esslöffel Bananenlikör
- 4 mittelgroße, leicht unterreife Bananen, im Durchmesser halbiert und dann der Länge nach halbiert
- ½ Tasse Brandy
- Prise feines Meersalz
- Gefrorener Vanillepudding mit gesalzener Vanille

Richtungen:

a) Die Butter in einer 10 Zoll schweren Pfanne bei schwacher Hitze schmelzen. Fügen Sie den braunen Zucker hinzu und rühren Sie, bis er gleichmäßig befeuchtet ist. Bananenlikör hinzugeben und zum Köcheln bringen.

b) Fügen Sie die Bananen hinzu und kochen Sie, indem Sie sie einmal wenden, für etwa 30 Sekunden auf jeder Seite, wobei Sie die Sauce vorsichtig über die Bananen löffeln, während sie kochen.

c) Entfernen Sie die Bananen mit einem großen geschlitzten Spatel und verteilen Sie sie auf acht Schüsseln. Lassen Sie so viel Sauce wie möglich in der Pfanne.

d) Die Sauce zum Köcheln bringen und den Brandy vorsichtig hinzufügen. Wenn die Sauce sehr heiß ist, entzündet sich der Alkohol und brennt dann kurz aus; Wenn nicht, einfach 3 bis 4 Minuten köcheln lassen, bis die Sauce etwas eindickt und sirupartig wird. Fügen Sie das Salz hinzu und rühren Sie um.

e) Die scharfe Sauce über die Bananen geben und sofort mit einer Kugel Eis servieren.

60. Pochierte Früchte

Ergibt 8 Portionen

Zutaten:

- 1 Flasche Weiß- oder Rotwein oder 3 Tassen Wasser
- 2 Tassen Zucker
- Gewürze oder Kräuter nach Belieben (ich liebe Sternanis im Winter, süßes Basilikum im Sommer)
- 4 große Birnen oder Pfirsiche oder 8 Pflaumen, geschält, halbiert und entkernt, oder 16 mittelgroße Aprikosen, halbiert und entkernt, oder 50 Kirschen (ca. 1 Pfund), entkernt

Richtungen:

a) Kombinieren Sie den Wein, den Zucker und die Gewürze oder Kräuter, falls verwendet, in einem 4-Liter-Topf und erhitzen Sie ihn bei schwacher Hitze unter Rühren, um den Zucker aufzulösen.

b) Die vorbereiteten Früchte vorsichtig in die warme Pochierungsflüssigkeit geben und kochen, dabei die Früchte nach

Bedarf in der Flüssigkeit wenden, bis sie weich sind.

c) Die Früchte mit einem Schaumlöffel vorsichtig aus der Pochierungsflüssigkeit nehmen und heiß servieren oder auf einem Teller abkühlen lassen.

d) Nach dem Abkühlen können die Früchte in einem luftdichten Behälter, bedeckt mit der Pochierungsflüssigkeit, bis zu 3 Tage im Kühlschrank aufbewahrt werden.

61. J-Bars

Ergibt 10 J-Barren

Zutaten:

- ½ Tasse Salzige Karamellsauce
- Süßes Sahneeis, oder 1 Liter Eis Ihrer Wahl, leicht weich
- ½ Tasse geräucherte, geröstete oder gesalzene Nüsse wie Mandeln, Pekannüsse oder Erdnüsse
- 12 Unzen bittersüße Schokolade (mindestens 60% Kakao), gehackt
- ⅓ Tasse raffiniertes Kokosöl

Richtungen:

a) Ein Backblech mit Wachspapier auslegen und in den Gefrierschrank stellen. Die Karamellsauce in eine Quetschflasche geben und kühl stellen.

b) Füllen Sie zwei 5-Bar-Silikon-Eisformen mit dem Eis und glätten Sie die Oberseiten mit einem versetzten Spatel. In jede Form ein Stäbchen stecken. Mit Wachspapier abdecken und 30 Minuten einfrieren, nur um das Eis etwas fester zu machen.

c) Kratzen Sie mit dem Stiel eines kleinen Löffels in der Mitte jeder Form einen kleinen Graben aus und füllen Sie den Graben mit Karamellsauce. In jeder Form 3 bis 5 Stück der Nüsse in das Eis drücken. Decken Sie die Formen mit Wachspapier ab und stellen Sie sie 3 bis 4 Stunden lang in den Gefrierschrank, um sie vollständig auszuhärten.

d) Kombinieren Sie die Schokolade und das Kokosöl in einem Wasserbad und erhitzen Sie es bei mittlerer Hitze unter Rühren, bis die gesamte Schokolade geschmolzen ist und das Kokosöl vollständig eingearbeitet ist.

e) Vom Herd nehmen, in eine kleine tiefe Schüssel geben und abkühlen lassen, bis sie noch flüssig, aber nicht heiß ist.

f) Nehmen Sie die J-Bars aus dem Gefrierschrank und heben Sie sie jeweils aus der Form. Tauchen Sie jeden Riegel mit dem Stäbchen in die Schokolade und zählen Sie bis 3, dann entfernen Sie ihn, lassen Sie die überschüssige Schokolade zurück in die Schokoladenschüssel tropfen und legen Sie den Riegel auf Ihr vorbereitetes Backblech.

g) Legen Sie die J-Bars in den Gefrierschrank, um sie mindestens 2 Stunden lang auszuhärten.

COCKTAILS

62. Schwert im Stein

Ergibt 1 Getränk

Zutaten:

- ¼ Tasse Gin
- 2 Esslöffel Birnenlikör
- Ein 4-Unzen-Messlöffel (ca. ¼ Pint) Weizengras, Birne & Vinho Verde Sorbet
- 1 Cocktail-Schwert

Richtungen:

a) Den Gin-Birnen-Likör mit Eiswürfeln in einem Shaker zum Abkühlen schütteln.

b) Geben Sie die Kugel Sorbet in ein gekühltes Martini-Glas (oder Kingly-Becher).

c) Die Gin-Mischung darüber gießen und servieren.

63. Rouge deine Knie

Ergibt 1 Getränk

Zutaten:

- Ein 4-Unzen-Stück (ca. $\frac{1}{4}$ Pint) Rotes Himbeersorbet
- $\frac{1}{4}$ Tasse Gin
- 1 bis 2 Unzen Sodawasser
- Limettendrehung
- Lavendelzweig

Richtungen:

a) Lehne das Stück Sorbet gegen die Seite eines hohen Glases.

b) Gießen Sie den Gin darüber und fügen Sie nach Belieben Sodawasser hinzu. Mit der Limettenspirale und dem Lavendelzweig garnieren.

64. Dame des Sees

Ergibt 1 Getränk

Zutaten:

- ¼ Tasse Wodka oder Gin
- 2 Esslöffel Süßes Sahneeis
- Ein 4-Unzen-Messlöffel (ca. ¼ Pint) Steinobstsorbet
- 1 Cocktail-Schwert

Richtungen:

a) Schütteln Sie den Wodka und das Eis in einem Shaker, bis das Eis gerade geschmolzen und eingearbeitet ist.

b) Die Kugel Sorbet in ein gekühltes Glas geben.

c) Gießen Sie den Wodka rundherum und servieren Sie ihn.

TOPPINGS

65. Zuckertüten

Zutaten:

- 2 große Eiweiß
- ½ Tasse) Zucker
- 3 EL Vollmilch
- ½ Teelöffel reiner Vanilleextrakt
- ¼ Teelöffel Salz
- ⅔ Tasse Allzweckmehl
- ¼ Teelöffel gemahlener Zimt (optional)
- 2 EL ungesalzene Butter, geschmolzen
- 4 Unzen halbsüße oder dunkle Schokolade (optional)

Richtungen:

a) Eiweiß, Zucker, Milch, Vanille und Salz in einer kleinen Schüssel verquirlen. Mehl, Zimt und Butter hinzufügen. Schneebesen, bis er vollständig eingearbeitet ist und der Teig glatt ist.

b) Bestreichen Sie eine antihaftbeschichtete Pfanne leicht mit einer kleinen Menge Kochspray oder bestreichen Sie sie leicht mit neutralem Öl. Etwa 2½ Esslöffel Teig in die kalte

Pfanne geben und zu einer dünnen, gleichmäßigen Schicht verteilen.

c) Stellen Sie die Pfanne auf mittlere Hitze und kochen Sie die Scheibe 4 bis 5 Minuten lang oder bis der Kegel fest geworden ist und am Boden leicht golden ist. Drehen Sie die Scheibe vorsichtig um und kochen Sie 1 bis 2 Minuten weiter.

d) Legen Sie die Zuckerscheibe schnell auf ein sauberes Handtuch und bedecken Sie sie mit einer Kegelrolle. Rollen Sie die Scheibe mit dem Handtuch und der Kegelrolle zu einem Kegel und halten Sie ihn 1 bis 2 Minuten lang an der Naht fest, bis der Kegel abkühlt und aushärtet.

e) Wischen Sie die Pfanne aus und wiederholen Sie den Vorgang, bis der gesamte Teig aufgebraucht ist.

f) Wenn Sie die Zapfen in Schokolade tauchen möchten, legen Sie ein Blech mit Pergamentpapier aus. Wenn die Zapfen vollständig abgekühlt sind, schmelzen Sie die Schokolade in 30-Sekunden-Schritten in der Mikrowelle.

g) Tauchen Sie die Spitzen der Zapfen vorsichtig in die Schokolade und legen Sie sie auf das Pergament, bis die Schokolade hart wird.

h) In einem luftdichten Behälter bei Raumtemperatur aufbewahren, die Zapfen sind bis zu 1 Woche haltbar.

66. Ananas-Habanero-Marmelade

Zutaten:

- 1 mittelgroße Ananas, geschält und entkernt 2 Habanero-Chilis, in dünne Scheiben geschnitten
- 1 Tasse Zucker
- Saft und abgeriebene Schale von 2 Limetten
- ¾ Teelöffel koscheres Salz
- 3 Esslöffel weißer Essig

Richtungen:

a) Die Ananas auf den großen Löchern einer Kastenreibe in einer großen Schüssel reiben. Reservieren Sie den Saft.

b) In einem großen Topf die Ananas und ihren Saft mit den Chilis, Zucker, Limettensaft und Salz vermischen. Bei mittlerer Hitze zum Kochen bringen, dann die Hitze reduzieren, um ein Köcheln zu halten, und den Essig hinzufügen.

c) Kochen Sie unter gelegentlichem Rühren, bis die Mischung dick genug ist, um die Rückseite des Löffels zu bedecken, 8 bis

10 Minuten. Vom Herd nehmen, Limettenschale einrühren und abkühlen lassen.

d) In einem luftdichten Behälter im Kühlschrank aufbewahrt ist die Marmelade bis zu 1 Woche haltbar.

67. Kirsch-Hibiskus-Kompott

Zutaten:

- 2 Pfund frische oder gefrorene Bing-Kirschen, entkernt (ca. 4½ Tassen)
- ¾ Tasse Zucker
- ½ Tasse Wasser
- ¾ Tasse getrocknete Hibiskusblüten
Große Prise koscheres Salz

Richtungen:

a) In einem großen Topf mit schwerem Boden alle Zutaten vermischen.
b) Bei mittlerer Hitze zum Kochen bringen, dann die Hitze reduzieren, um ein Köcheln beizubehalten, und unter gelegentlichem Rühren kochen, bis der Saft dick genug ist, um die Rückseite des Löffels zu bedecken, etwa 10 Minuten. Vom Herd nehmen und abkühlen lassen.
c) In einem luftdichten Behälter im Kühlschrank aufbewahrt ist das Kompott bis zu 1 Woche haltbar.

68. Maracuja Karamellsauce

Zutaten:

- 2 Tassen Zucker
- ½ Tasse Wasser
- 2 Teelöffel heller Maissirup
- 1⅓ Tassen Passionsfruchtpüree
- 4 EL ungesalzene Butter, in Stücke geschnitten
- ½ Teelöffel koscheres Salz

Richtungen:

a) In einem großen Topf mit schwerem Boden Zucker, Wasser und Maissirup vermischen. Bei mittlerer Hitze zum Köcheln bringen, dabei umrühren, um den Zucker aufzulösen, und gelegentlich die Seiten der Pfanne mit einer nassen Backbürste abbürsten, um alle Zuckerkristalle abzuwaschen.

b) Erhöhen Sie die Hitze auf mittlere bis hohe Temperatur und lassen Sie sie ohne Rühren kochen, bis der Sirup eine dunkle Bernsteinfarbe hat, etwa 8 Minuten. Nehmen Sie die Pfanne vom Herd.

c) Geben Sie vorsichtig das Passionsfruchtpüree (es wird sprudeln und spritzen, seien Sie also beim Eingießen vorsichtig), Butter und Salz und rühren Sie es so gut wie möglich ein (das Karamell wird etwas hart).
d) Stellen Sie die Pfanne auf mittlere Hitze, bringen Sie sie zum Köcheln und kochen Sie sie unter Rühren, bis sich das Karamell aufgelöst hat und die Sauce glatt ist. Vom Herd nehmen und abkühlen lassen. In einem luftdichten Behälter im Kühlschrank aufbewahrt ist die Sauce bis zu 10 Tage haltbar.
e) Die Sauce warm oder bei Zimmertemperatur servieren.

69. Ziegenmilchkaramell

Zutaten:

- 4 Tassen Ziegenmilch oder eine Kombination aus Kuh- und Ziegenmilch, vorzugsweise unpasteurisiert
- $1\frac{1}{4}$ Tassen Zucker
- $\frac{1}{4}$ Teelöffel Backpulver
- $\frac{1}{2}$ Teelöffel reiner Vanilleextrakt
- Prise koscheres Salz

Richtungen:

a) In einem großen Topf mit schwerem Boden Milch, Zucker und Backpulver verrühren.

b) Bei starker Hitze zum Kochen bringen, dann die Hitze reduzieren, um ein schnelles Köcheln zu erhalten, und unter gelegentlichem Rühren kochen, bis die Mischung eingedickt ist und eine dunkle Karamellfarbe hat, 1 bis $1\frac{1}{2}$ Stunden; öfter umrühren, je dicker die Mischung wird.

c) In eine hitzebeständige Schüssel umfüllen und abkühlen lassen. Vanille und Salz einrühren. In einem luftdichten Behälter im Kühlschrank aufbewahrt hält sich das Karamell bis zu 10 Tage.

70. Kandierte Kürbiskerne

Zutaten:

- 1 Tasse Zucker
- 1 Teelöffel koscheres Salz
- 1 großes Eiweiß
- 3 Tassen Kürbiskerne

Richtungen:

a) Den Backofen auf 300 °F vorheizen. Ein Backblech mit Rand leicht mit etwas Pflanzenöl bestreichen oder mit Pergamentpapier auslegen.

b) In einer kleinen Schüssel Zucker, Chili (falls verwendet) und Salz vermischen. In einer mittelgroßen Schüssel das Eiweiß mit einer Gabel schaumig schlagen. Kürbiskerne und Zuckermischung dazugeben und rühren, bis die Kerne gleichmäßig umhüllt sind.

c) Die Kürbiskerne auf dem vorbereiteten Backblech verteilen und unter mehrmaligem Rühren 10 bis 12 Minuten backen, bis sie geröstet sind. Auf Raumtemperatur abkühlen lassen.

d) In einem luftdichten Behälter an einem kühlen, trockenen Ort gelagert sind die Kürbiskerne bis zu 1 Monat haltbar.

71. Vanille- und Tequila-Schlagsahne

Zutaten:

- 1 Tasse kalte Sahne
- 2 EL Zucker
- 1 Vanilleschote, längs geteilt, oder 1 Teelöffel reiner Vanilleextrakt

Richtungen:

a) Stellen Sie eine Edelstahlschüssel und einen Schneebesen in den Gefrierschrank und lassen Sie sie 10 bis 15 Minuten abkühlen.
b) In der gekühlten Schüssel Sahne und Zucker verrühren. Wenn Sie eine Vanilleschote verwenden, kratzen Sie die Samen mit einem Schälmesser aus den Schotenhälften und geben Sie die Samen in die Sahnemischung.
c) Mit dem gekühlten Schneebesen schlagen, bis die Sahne beim Anheben des Schneebesens weiche Spitzen hat.
d) Den Tequila (und Vanilleextrakt, falls verwendet) einrühren. Weiter schlagen, bis die Creme mittelsteife Spitzen hat.

e) Sofort verwenden oder mit Plastikfolie abdecken und bis zu 2 Tage im Kühlschrank aufbewahren.

72. Piloncillo karamellisierte Pekannüsse

Zutaten:

- 8 Unzen Piloncillo, fein gehackt
- 1 (1 Zoll) Stück mexikanischer Zimt
- ⅓ Tasse Wasser 3¼ Tassen Pekannusshälften
- Ein Backblech mit Rand leicht einölen.

Richtungen:

a) In einem Topf Piloncillo, Zimt und Wasser vermischen. Stellen Sie die Pfanne auf mittlere Hitze und kochen Sie sie unter Rühren, bis sich der Piloncillo aufgelöst hat und die Mischung sprudelnd, dick und golden ist, 4 bis 6 Minuten.

b) Fügen Sie etwa ein Drittel der Pekannüsse hinzu und rühren Sie um, um zu beschichten. Fügen Sie die restlichen Pekannüsse in zwei weiteren Chargen hinzu und rühren Sie ständig um. Der Piloncillo beginnt zu kristallisieren und sieht sandig aus.

c) Rühren Sie weiter, bis alle Pekannüsse beschichtet sind.

d) Gießen Sie die Pekannüsse auf das vorbereitete Backblech und trennen Sie sie mit einem Löffel. Das Zimtstück entfernen. Auf Raumtemperatur abkühlen lassen.
e) In einem luftdichten Behälter an einem kühlen, trockenen Ort aufbewahrt, sind die Pekannüsse bis zu 3 Wochen haltbar.

73. Würzige Mangos

Zutaten:

- 1 Limette
- 1 Pfund reife, aber feste Mangos
- 3 Teelöffel koscheres Salz
- 3 Tassen Zucker
- 2 Tassen Wasser
- ¼ Tasse heller Maissirup
- ⅓ Tasse gemahlene Guajillo-, Piquín- oder Arbol-Chilis oder eine Kombination

Richtungen:

a) Mit einem Sparschäler die Limettenschale in Streifen entfernen. Die Limette auspressen.
b) Die Mangos schälen und das Fruchtfleisch in große Stücke oder Spalten schneiden. In einer Schüssel die Mangos mit 1 Teelöffel Salz und Limettensaft vermischen.
c) In einem großen Topf Zucker, Wasser, Maissirup und Limettenschale vermischen und bei mittlerer Hitze zum Kochen bringen.

d) Reduzieren Sie die Hitze auf mittlere bis niedrige Stufe, fügen Sie die Mangostücke hinzu und köcheln Sie 20 Minuten lang unter gelegentlichem Rühren.
e) Vom Herd nehmen, die Pfanne mit dem Deckel oder einem Stück Käsetuch abdecken und über Nacht bei Zimmertemperatur stehen lassen.
f) Am nächsten Tag die Pfanne aufdecken, auf mittlere Hitze stellen und den Sirup zum Köcheln bringen.
g) 20 Minuten kochen lassen, dabei gelegentlich umrühren und die Hitze nach Bedarf anpassen, um ein Köcheln beizubehalten. Vom Herd nehmen, mit dem Deckel oder dem Käsetuch abdecken und über Nacht bei Raumtemperatur stehen lassen.

h) Am dritten Tag die Pfanne wieder aufdecken, auf mittlere Hitze stellen und zum Köcheln bringen. Unter gelegentlichem Rühren nur 5 Minuten kochen lassen, dann vom Herd nehmen und auf Raumtemperatur abkühlen lassen.

i) Nach dem Abkühlen die Mangostücke mit einem Schaumlöffel auf ein Gitter über einem Backblech legen. Entsorgen Sie die Limettenschale.

j) Abtropfen lassen, bis die Mangostücke nicht mehr nass sind (sie werden klebrig), 8 bis 10 Stunden.

k) In einer Schüssel die gemahlenen Chilis und die restlichen 2 Teelöffel Salz verrühren. Die Mangostücke portionsweise in die Chili-Mischung werfen, bis sie von allen Seiten bedeckt sind.

l) In einem luftdichten Behälter an einem kühlen, trockenen Ort gelagert sind die Mangos bis zu 1 Monat haltbar.

74. Mandel-Crumble-Topping

Zutaten:

- ½ Tasse Allzweckmehl
- ½ Tasse gehobelte oder gehobelte Mandeln
- ½ Tasse Puderzucker
- ¼ Tasse brauner Zucker, verpackt ⅛ Teelöffel Salz
- ¼ Teelöffel gemahlener Zimt
- 4 EL Butter, gekühlt und in mehrere Stücke geschnitten

Richtungen:

a) Backofen auf 350 °F vorheizen. Ein Backblech mit Pergamentpapier auslegen.

b) Mehl, Mandeln, Zucker, Salz und Zimt in einer Küchenmaschine mischen und rühren, bis die Mandeln vollständig zu Mandelmehl zerkleinert sind und die Mischung gut vermischt ist.

c) Fügen Sie Butter hinzu und pulsieren Sie, bis die Mischung eine grobe, sandige Textur hat und keine Butterstücke, die größer als eine Erbse sind, übrig bleiben.

d) Mischung in eine große Schüssel geben. Wenn du die Mischung fest in der Hand drückst, sollte sie zu großen Streuseln von der Größe einer Erbse bis hin zu einer Walnuss zusammenkleben. Die ganze Mischung in verschieden große Streusel zerteilen.
e) Mandelbrösel auf das vorbereitete Backblech geben.
f) Etwa 15 Minuten backen, dabei alle 5 Minuten mit einem Spatel leicht umrühren, bis die Streusel hellgolden und knusprig sind.
g) Nach dem vollständigen Abkühlen kann der Streusel mehrere Tage in einem luftdichten Behälter aufbewahrt werden.

Ergibt ungefähr 2 Tassen

SONNENBECHER

75. Knickerbocker Herrlichkeit

Zutaten:

- frische Erdbeeren und Kirschen
- 2 Kugeln Vanilleeis
- 6 bis 8 Esslöffel Fruchtgelee
- Erdbeere oder Himbeersauce
- 2 Kugeln Erdbeereis
- 1/2 Tasse Sahne, geschlagen
- geröstete Mandelblättchen

Richtungen:

a) Ein wenig frisches Obst auf dem Boden von zwei gekühlten Eisbechern anrichten. Fügen Sie eine Kugel Vanilleeis hinzu, dann etwas Fruchtgelee und etwas Fruchtsauce.

b) Als nächstes fügen Sie Erdbeereis hinzu und dann mehr Fruchtsauce. Jetzt mit Schlagsahne, frischem Obst und Nüssen belegen, gefolgt von mehr Sauce und ein paar Nüssen.

c) Nicht länger als 30 Minuten in den Gefrierschrank stellen oder sofort essen. Diese sind nicht zum Aufbewahren, bereiten Sie sich also nach Bedarf vor.
d) Es empfiehlt sich, vor dem Start eine Auswahl geeigneter Zutaten sowie gut gekühlte Gläser bereitzuhalten.

Für 2

76. Pfirsich-melba

Zutaten:

- 4 große reife Pfirsiche, geschält
- fein abgeriebene Schale und Saft von 1 Zitrone
- 3 Esslöffel Puderzucker
- 8 Kugeln Vanilleeis

für die Melbasauce

- 1 1/2 Tassen reife Himbeeren
- 2 Esslöffel Johannisbeergelee
- 2 Esslöffel superfeiner Zucker

Richtungen:

a) Die Pfirsiche halbieren und die Kerne entfernen. Die Pfirsichhälften fest in eine ofenfeste Form packen und mit Zitronensaft bestreichen. Großzügig mit Puderzucker bestreuen. Stellen Sie das Gericht 5 bis 7 Minuten lang unter einen vorgeheizten Grill, bis es goldbraun ist und sprudelt. Abkühlen lassen.

b) Für die Sauce die Himbeeren mit Gelee und Zucker erwärmen und anschließend durch ein Sieb drücken. Abkühlen lassen.
c) Die Pfirsiche auf einer Servierplatte mit 1 oder 2 Kugeln Eiscreme anrichten. Mit Melbasauce beträufeln und mit Zitronenschale abrunden.

Für 4

77. Cappuccino-Frappé

Zutaten:

- 4 EL Kaffeelikör
- 1/2 Rezept Kaffee-Eis
- 4 Esslöffel Rum
- 1/2 Tasse Sahne, geschlagen
- 1 Esslöffel ungesüßtes Kakaopulver, gesiebt

Richtungen:

a) Den Likör in den Boden von 6 gefrierfesten Gläsern oder Tassen gießen und gut kühlen oder einfrieren.

b) Bereiten Sie das Eis nach Anweisung vor, bis es teilweise gefroren ist. Dann den Rum mit einem elektrischen Mixer schaumig schlagen, sofort über den gefrorenen Likör löffeln und erneut einfrieren, bis er fest, aber nicht hart ist.

c) Die geschlagene Sahne über das Eis spritzen. Großzügig mit Kakaopulver bestreuen und für einige Minuten in den

Gefrierschrank stellen, bis Sie absolut servierfertig sind.

Für 6

78. Geeistes Lassi

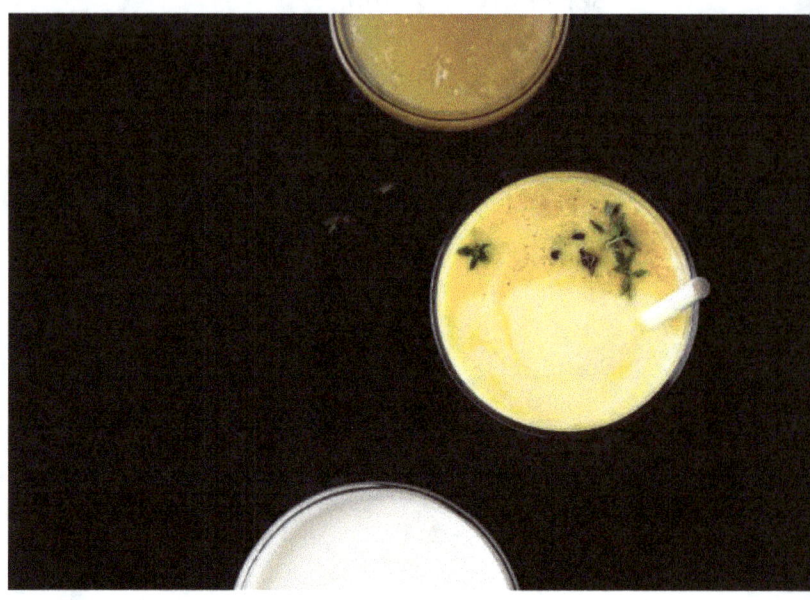

Zutaten:

- 2 Tassen Naturjoghurt, teilweise gefroren
- 1/2 Tasse Eiswasser
- 1/2 Tasse Eiswürfel
- 4 Esslöffel klarer Honig, plus mehr nach Geschmack
- Frisch geriebener Muskatnuss

Richtungen:

a) Geben Sie Joghurt, Eiswasser, Eiswürfel und Honig in eine Küchenmaschine oder einen Mixer. Mixen, bis sie schaumig und gut vermischt sind. In eisgekühlte hohe Gläser geben und etwa 30 Minuten einfrieren.

b) Mit etwas mehr Honig abschmecken und mit frisch geriebener Muskatnuss bestreuen.

Für 1

79. Eisschwimmer

Zutaten:

- 2 Tassen Zitronen-Limetten-Soda, gekühlt
- 2 Kugeln Vanilleeis
- ein paar Mini-Marshmallows

Richtungen:

a) Gib 1 Kugel Eiscreme in ein gekühltes, hohes Sodaglas. Gießen Sie das Soda langsam ein, da es beim Kontakt mit der Eiscreme sprudelt.

b) Die zweite Kugel Eiscreme dazugeben und mit ein paar kleinen Marshmallows belegen. Sofort mit einem langen Limonadenlöffel und Strohhalmen servieren.

Macht 1

80. Wassermelonen-Erdbeer-Slush

Zutaten:

- 1 Tasse zerstoßenes Eis
- 1 Tasse geschälte und halbierte frische Erdbeeren
- 1 Tasse Wassermelonenfleisch (Kerne entfernt)
- 2 bis 3 Esslöffel Erdbeersirup
- Scheiben frisches Obst zum Garnieren

Richtungen:

a) Alle Zutaten (einige Fruchtstücke zum Servieren aufbewahren) in einen Mixer oder eine Küchenmaschine geben. Kurz mixen, um alle Zutaten zu einem Brei zu zerkleinern. Nicht übermischen. Bis zum Servieren in einen Behälter in den Gefrierschrank stellen.

b) Nach Bedarf in hohe Gläser (oder Martini-Gläser) füllen und mit ein paar Fruchtstücken belegt servieren.

Für 1

81. Geeister Aprikosen-Granatapfel-Smoothie

Zutaten:

- 1 Tasse Natur- oder Pfirsichjoghurt
- 2 Tassen gehackte und entkernte reife Aprikosen
- 2 bis 3 Esslöffel klarer Honig
- ein paar Eiswürfel
- 1/2 Granatapfel, in Kerne zerteilt und weißes Mark entfernt

Richtungen:

a) Granatäpfel durch ein Sieb streichen. Gib Joghurt, Aprikosen, Honig, Eiswürfel und Granatapfelsaft (reserviere einen Löffel Kerne) in einen Mixer oder eine Küchenmaschine. Mixen, bis es wirklich glatt ist.
b) Kurz einfrieren (bis zu 30 Minuten) oder sofort mit einem Löffel Granatapfelkernen belegt genießen.

Für 2

82. Schoko-Nuss-Eisbecher

Zutaten:

- 1 Messlöffel reichhaltiges Schokoladeneis
- 1 Messlöffel Butterpekannuss-Eis
- 2 Esslöffel Schokoladensoße
- 2 Esslöffel geröstete gemischte Nüsse
- Schokoladenflocken, -locken oder -streusel

Richtungen:

a) Ordnen Sie die zwei Kugeln Eis in einer gekühlten Eisbecherform an.
b) Mit Schokoladensauce beträufeln und dann mit Nüssen und Schokolade bestreuen.

Für 1

83. Eiswürfel in Schokolade getaucht

Zutaten:

- 1 Rezept luxuriöses Vanilleeis
- 1 Rezept Schokoladensoße
- fein gehackte Nüsse oder Streusel

Richtungen:

a) Aus dem Eis Kugeln unterschiedlicher Größe formen. Sofort auf Wachspapier legen und richtig gründlich wieder einfrieren.

b) Bereiten Sie die Schokoladensauce zu und lassen Sie sie an einem kühlen (nicht kalten) Ort, bis sie abgekühlt, aber nicht eingedickt ist.

c) Decken Sie mehrere Bleche mit Wachspapier ab. Drücken Sie einen Eis am Stiel in die Mitte einer Kugel Eiscreme und tauchen Sie sie in die Schokolade, um sie vollständig zu bedecken. Halten Sie es über die Schokoladenschale, bis es fertig getropft ist, und legen Sie es dann auf das saubere Wachspapier.

d) Nach Belieben mit Nüssen oder bunten Streuseln bestreuen. Legen Sie das Eis in den Gefrierschrank und lassen Sie es wirklich hart werden (mehrere Stunden). Obwohl sie sich je nach verwendeter Eissorte mehrere Wochen halten, ist es besser, sie so schnell wie möglich zu verzehren.

Macht 6-8

EISKÖRPER FÜR KINDER

84. Gefrorene Schokobananen

Zutaten:

- 4 feste aber reife kleine Bananen
- 6 Unzen. Milchschokolade, in Stücke gebrochen
- 6 Esslöffel Sahne
- 4 Esslöffel Orangensaft

Richtungen:

a) Friere die Bananen in ihrer Schale etwa 2 Stunden lang ein.
b) Die Schokolade in einem kleinen Topf mit Sahne und Orangensaft schmelzen, dabei gelegentlich umrühren, bis sie geschmolzen und glatt ist. In eine kalte Schüssel umfüllen und ruhen lassen, bis es gerade anfängt einzudicken und abzukühlen. Lassen Sie es nicht zu kalt werden, sonst lässt es sich nicht leicht beschichten.
c) Nehmen Sie die Bananen aus dem Gefrierschrank und entfernen Sie die Schalen sauber. Tauchen Sie jede Banane in die Schokolade, um sie gründlich zu überziehen, und entfernen

Sie sie dann mit einem oder zwei langen Holzspießen. Halte die Banane über die Schüssel, während die überschüssige Schokolade abtropft. Dann die Banane auf Wachspapier legen, bis die Schokolade fest wird. In 2 oder 3 Stücke schneiden und bis zum Servieren in den Gefrierschrank stellen.

d) Stecken Sie zum Servieren einen Eis am Stiel in jedes Stück, wenn Sie möchten.

e) Diese Bananen sind nicht gut haltbar und sollten am Tag ihrer Herstellung gegessen werden.

Für 4

85. Eis-Keks-Sandwich

Zutaten:

- 12 Schokoladenkekse
- 2 Tassen Vanilleeis (oder andere Geschmacksrichtungen), weich

Richtungen:

a) Legen Sie die Kekse auf ein Tablett in den Gefrierschrank.
b) Verteilen Sie das weiche Eis in einer flachen Pfanne oder einem Behälter auf eine Dicke von etwa 1/2 Zoll und frieren Sie es erneut ein. Wenn es wieder fest, aber nicht hart ist, schneiden Sie 6 Kreise Eiscreme, um die Kekse zu passen. Übertragen Sie das Eis vorsichtig aus der Pfanne auf 6 Kekse.
c) Mit einem zweiten Keks belegen. Zum Verschließen nach unten drücken und bis zum Verzehr einfrieren. Wenn sie gut gefroren sind, nehmen Sie sie 10 bis 15 Minuten vor dem Verzehr aus dem Gefrierschrank, da sie sonst sehr hart werden.
d) Essen Sie innerhalb von ein paar Tagen.

Für 6

86. Eisige Fruchtlöffel

Zutaten:

- 3 bis 4 Tassen (1 1/2 bis 2 lbs.) hochwertige, feste frische Früchte (Erdbeeren, Kirschen, Kapstachelbeeren)
- 1 Tasse Sahne, gesüßt und geschlagen
- 3/4 Tasse Himbeersauce
- 3/4 Tasse Mangosauce
- Bonbonstreusel

Richtungen:

a) Bereiten Sie die Früchte vor, indem Sie sie einfach abwischen oder überprüfen, aber lassen Sie sie an den Stielen oder an allem, womit sie sich aufnehmen können. Frieren Sie sie separat auf Backpapier auf Backblechen für mindestens 1 Stunde ein, bis sie eisig, aber nicht zu hart sind.

b) Stellen Sie Schüsseln mit Schlagsahne, Himbeer- und Mangosaucen und Streuseln bereit.

c) Die gefrosteten Früchte mit Zahnstochern auf einer großen Servierplatte anrichten und servieren.

Für 6

87. Klebrige Toffee-Leckereien

Zutaten:

- 1 Tasse Toffee-Sauce
- 3 Tassen Vanilleeis
- 4 Zuckertüten

Richtungen:

a) Wenn Sie eine Reihe von ungeduldigen Jugendlichen haben, müssen Sie gut vorbereitet sein.

b) Bringen Sie die Sauce auf Raumtemperatur, damit sie dickflüssig wird, sich aber leicht gießen lässt. Halten Sie das Eis zum Schöpfen bereit. Halten Sie Zapfen in einem Halter bereit.

c) Nehmen Sie 2 oder 3 Esslöffel Sauce und verteilen Sie sie auf der Oberseite des Eises. Dann schnell eine Kugel Eis herausnehmen, dabei die Sauce durchschwenken und in die Tüte geben.

d) Wiederholen Sie dies, wenn Sie eine zweite Schaufel auf demselben Kegel haben möchten. Einen letzten Spritzer Sauce darüber geben. Sofort servieren.

Für 4

88. Fruchtige Eiswürfel

Zutaten:

- 1 Tasse pürierte Himbeeren
- 1 Tasse Natur- oder Fruchtjoghurt

Richtungen:

a) Obst und Joghurt vermischen. In große, leicht zu öffnende Eiswürfelbehälter oder fruchtförmige Eiswürfelbehälter gießen. Glätten Sie die Oberseiten, damit sie vollständig flach sind, damit sie leicht herauskommen. Setzen Sie kleine Eisstiele ein, wenn Sie möchten.

b) 3 bis 4 Stunden oder über Nacht einfrieren. Auf eine hübsche Platte stürzen und mit frischen Obststücken und Keksen servieren.

Ergibt 10 bis 12 große Würfel

89. Geeiste Fruchtpops

Zutaten:

- 1 1/2 Tassen geriebenes oder püriertes frisches Obst (Ananas, Pfirsich, Mango)
- Zucker nach Belieben
- 1/2 Tasse Orangensaftkonzentrat

Richtungen:

a) Die pürierten Früchte mit Zucker und Orangensaft mischen. In Eis am Stielbehälter einfrieren, bis es teilweise gefroren ist. Einmal umrühren, um die Früchte zu vermischen, dann wieder einfrieren, bis sie fast fest sind.
b) Legen Sie einen Eis am Stiel in die Mitte jedes Pops und frieren Sie ihn ein, bis er hart ist.
c) Essen Sie direkt aus dem Gefrierschrank. Am besten so schnell wie möglich verzehren oder nicht länger als 1 Monat in abgedeckten Behältern einfrieren.

Ergibt 4 bis 6 (je nach Größe der Formen)

90. Eiscremecupcakes

Zutaten:

- 2 Tassen Erdbeereis
- 6 Esslöffel Sahne, geschlagen
- 12 frische Himbeeren
- Bonbonstreusel

Richtungen:

a) 6 Backförmchen aus Papier oder Folie in eine Muffinform geben. Wenn Sie sehr dünne Papierbackförmchen verwenden, verdoppeln Sie diese für zusätzlichen Halt.

b) Wenn das Eis eine weiche, löffelbare Konsistenz hat, füllen Sie die Backförmchen und drücken Sie die Oberseiten flach. Zurück in den Gefrierschrank, bis fast servierfertig.

c) Zum Servieren nach Belieben die Backförmchen entfernen und die Eiskuchen auf eine gut gekühlte Servierplatte legen. Jedes Eis mit etwas Schlagsahne, 2 Himbeeren und einem

Shake von Streuseln belegen. Zurück in den Gefrierschrank bis zum Verzehr.

d) Diese kleinen Eiskuchen sind nicht wirklich länger als einen Tag haltbar. Versuchen Sie also, nur so viele zuzubereiten, wie Sie benötigen.

Für 6

91. Knusprige Joghurtformen

Zutaten:

- 1 Tasse guter dicker Honig
- 3 Tassen dicker griechischer Joghurt
- 1 Tasse Sahne, leicht geschlagen
- 1 Teelöffel reiner Vanilleextrakt
- Bonbonstreusel

Richtungen:

a) Erwärme den Honig ganz leicht, damit er weich wird. Joghurt, Schlagsahne und Vanille einrühren und zum Einfrieren in einen flachen Behälter gießen, dabei ein- oder zweimal mit einer Gabel umrühren.

b) 1 Stunde einfrieren, mit einer Gabel aufbrechen und eine weitere Stunde einfrieren, bis sie fest, aber löffelbar sind.

c) Ein Blech mit Antihaftpapier auslegen. Tierförmige oder andere Ausstechformen auf die Pfanne legen und mit dem Eis füllen, dabei darauf achten, dass die Oberseiten eben sind.

d) Schnell wieder 1 bis 2 Stunden in den Gefrierschrank stellen, bis er richtig fest ist.
e) Zum Servieren das Eis vorsichtig aus den Förmchen auf einen eiskalten Teller drücken. Warten Sie 1 bis 2 Minuten, bis die Oberfläche weich wird. Dann mit einem oder zwei Holzspießen ein- oder beidseitig in eine Schüssel mit Streuseln tauchen.
f) Kehren Sie sofort in den Gefrierschrank zurück, da sie sehr schnell zu schmelzen beginnen.
g) Zum Servieren je einen Eis am Stiel hineinstecken.

Ergibt je nach Form etwa 6 bis 10 Formen

FRISCHE & FRUCHTIGE LECKEREIEN

92. Geeister Brombeer-Birnen-Romanoff

Zutaten:

- 1 Tasse süßes Birnenpüree
- 1 Tasse Sahne, geschlagen
- 1 Tasse dicker Joghurt nach griechischer Art
- fein abgeriebene Schale von 1 Zitrone
- 1 Tasse grob zerbröckelte kleine Baisers
- 1 Tasse süße reife Brombeeren

Richtungen:

a) In einer großen Schüssel Birnenpüree, Schlagsahne, Joghurt und Zitronenschale vermischen. Nach Belieben etwas Zucker hinzufügen oder wenn die Brombeeren nicht zu süß sind.

b) Nun die zerbröckelten Baiser und zuletzt die Brombeeren unterheben, dabei so wenig wie möglich vermischen. In einen Tiefkühlbehälter füllen und 1 bis 2 Stunden einfrieren. Beim Einfrieren nicht umrühren.

c) Zum Servieren die Mischung mit ein paar weiteren Beeren vorsichtig auf einen Servierteller geben.

Macht 2 Pints

93. Pfirsich-Maracuja-Swirl-Eis

Zutaten:

- 1 1/4 Tassen Sahne
- 1 Teelöffel reiner Vanilleextrakt
- 2 große Eier
- 1/4 Tasse superfeiner Zucker oder nach Geschmack
- 2 Teelöffel Maisstärke
- 1 Esslöffel Wasser
- 4 große sehr reife Pfirsiche
- Saft und fein abgeriebene Schale von 1 Orange
- 4 reife Passionsfrüchte

Richtungen:

a) Sahne und Vanille in einem kleinen Topf zum Sieden bringen. Von der Hitze nehmen. In einer Schüssel Eier und Zucker verquirlen, bis sie sehr hell und leicht eingedickt sind. Etwas Sahne mit den Eiern verquirlen, bis alles gut vermischt ist, dann zurück in den Topf abseihen.

b) Die Maisstärke mit dem Wasser glatt rühren. Schlagen Sie es in die Sahne-Ei-

Mischung und stellen Sie die Pfanne auf die Hitze. Nicht kochen, aber wenn die Mischung zu verdicken beginnt, ständig rühren, bis sie den Rücken eines Löffels bedeckt. Zum Abkühlen beiseite stellen, dabei gelegentlich umrühren.

c) Die Pfirsiche etwa 1 Minute in kochendes Wasser legen oder bis sich die Haut leicht abziehen lässt. Das Fruchtfleisch mit dem Orangensaft und der Schale pürieren oder pürieren und bei Bedarf abseihen. Das Fruchtfleisch der Passionsfrucht in eine kleine Schüssel geben. Den abgekühlten Pudding und das Pfirsichpüree vorsichtig verrühren.

d) In eine Eismaschine geben und nach Herstellerangaben verarbeiten oder mit dem Handmischmethode.

e) Wenn sie fast fest sind, in einen Gefrierbehälter umfüllen und den größten Teil der Passionsfrucht einrühren. Einfrieren, bis sie fest oder erforderlich sind. Dieses Eis kann bis zu 1 Monat eingefroren werden.

f) Lassen Sie etwa 15 Minuten weich werden, bevor Sie mit etwas mehr Passionsfrucht darüber gießen.

Macht 1 1/2 Pints

94. Geeiste Aprikosen-Soufflés

Zutaten:

- Saft und fein abgeriebene Schale von 1 Orange
- 2 (1/4-oz.) Umschläge geschmacksneutrale Gelatine
- 3 mittelgroße Eier, getrennt, plus 2 weitere Eiweiße
- 1/2 Tasse superfeiner Zucker
- 1 Teelöffel reiner Vanilleextrakt
- 1 Tasse Schlagsahne
- 4 Esslöffel Amaretto-Likör
- 1 Tasse Aprikosenpüree
- 3/4 Tasse schwarze Johannisbeeren (frisch oder gefroren)
- 2 bis 3 Esslöffel superfeiner Zucker

Richtungen:

a) Bereiten Sie 4 Auflaufförmchen vor, indem Sie ein Band aus Wachspapier um die Außenseite jedes Förmchens wickeln, das etwa 5 cm über den Rändern liegt; mit Klebeband sichern. Fetten Sie das

Papier und die Innenseite des Geschirrs leicht ein.

b) Orangensaft in einem kleinen Topf erwärmen, Gelatine darüberstreuen und auflösen lassen. Cool. Orangenschale, Eigelb, Zucker und Vanille in eine große Schüssel geben.

c) Schneebesen, bis es wirklich dick, blass und cremig ist. Leicht abkühlen. In einer separaten Schüssel das Eiweiß steif schlagen und fast Spitzen bilden. In einer dritten Schüssel die Sahne schlagen, bis sie steif ist und ihre Form behält.

d) Die Gelatine-Mischung zusammen mit dem Amaretto unter das geschlagene Eigelb rühren. Dann Schlagsahne, Aprikosenpüree und zuletzt das Eiweiß unterheben. Wenn es leicht, aber gründlich gemischt ist, in die Auflaufförmchen geben, die Oberseiten glatt streichen und 2 bis 3 Stunden einfrieren.

e) Für die Sauce alle schwarzen Johannisbeeren bis auf wenige in einem Topf mit Zucker erhitzen; 4 bis 5

Minuten kochen. Nach Belieben durch ein Sieb gießen, um alle Kerne zu entfernen, dann die ganzen schwarzen Johannisbeeren in die Pfanne geben. Beiseite legen.

f) Zum Servieren die Förmchen 10 Minuten vor dem Essen aus dem Gefrierschrank nehmen, das Papier abziehen und ein Loch in die Mitte der Oberseite bohren. In letzter Minute die Sauce erhitzen und etwas in die Mitte gießen. Den Rest separat servieren.

95. Apfel-Pflaumen-Parfait

Zutaten:

- 3 große, reife süße Pflaumen
- 2 Esslöffel Demerara-Zucker
- 4 Esslöffel Wasser
- 2 süße Essäpfel
- 1 Tasse Kristallzucker
- Saft und fein abgeriebene Schale von 1/2 Zitrone
- 5 Eigelb
- 1/2 Tasse plus 2 Esslöffel Sahne

Richtungen:

a) Die Pflaumen entkernen, grob hacken und mit dem Demerara-Zucker und Wasser in einen kleinen Topf geben. Leicht köcheln lassen, bis die Pflaumen weich sind, aber nicht auseinanderfallen.

b) Die Hälfte der Pflaumen abkühlen lassen, dann die geschälten, entkernten und geriebenen Äpfel in den Topf geben. Kochen Sie weiter, bis die Früchte weich genug sind, um sie zu pürieren oder zu zerdrücken. Vollständig abkühlen.

c) Den Kristallzucker mit dem Zitronensaft in einem weiteren kleinen Topf langsam erhitzen, bis sich der Zucker aufgelöst hat. 2 bis 3 Minuten kochen, dann vom Herd nehmen. Die Eigelbe in einer großen Schüssel verquirlen, bis sie ihr Volumen verdoppelt haben. Dann langsam den Zitronenzuckersirup und die Zitronenschale einrühren und weiter rühren, bis sie dick und cremig sind. Vollständig abkühlen.
d) Wenn sowohl das Fruchtpüree als auch die Eimischung abgekühlt sind, die Sahne schlagen, bis sie Spitzen bildet. Zuerst die Fruchtmasse und dann die Schlagsahne vorsichtig unter das geschlagene Eigelb heben. In einen kleinen Tiefkühlbehälter füllen und einfrieren, bis die Ränder gefroren sind.
e) Mit einer Gabel glatt rühren und dann einfrieren, bis sie fest, aber nicht hart sind.
f) Zum Servieren einen Löffel der reservierten gekochten Pflaumen in den Boden gekühlter Gläser geben, einige Kugeln Parfait hinzufügen und mit

weiteren Pflaumen belegen. Sofort servieren oder kurz kühlen.

96. Bananencreme-Eis

Zutaten:

- 4 reife Bananen, plus mehr zum Servieren
- Saft von 1 Zitrone
- 6 Esslöffel klarer Honig
- 1 Teelöffel reiner Vanilleextrakt
- 1 Tasse hausgemachter oder im Laden gekaufter Vanillepudding
- 1 Tasse Sahne, weich geschlagen, plus mehr zum Servieren
- Karamellsplitter

Richtungen:

a) In einem Mixer oder einer Küchenmaschine die Bananen mit Zitronensaft, Honig und Vanille cremig glatt rühren. Die Masse gleichmäßig unter die Creme rühren und dann die Schlagsahne unterheben.

b) Die Mischung in einen Gefrierbehälter geben. 1 Stunde einfrieren, dann mit einer Gabel zerkleinern, bis sie wieder glatt ist. Zurück in den Gefrierschrank, bis sie fest oder servierfertig sind.

c) Servieren Sie Kugeln der Eiscreme mit weiteren Bananenscheiben und Schlagsahne und einer Streuung von Karamellsplittern.
d) Dieses Eis friert bis zu 1 Monat ein.
e) 15 Minuten oder länger vor dem Servieren aus dem Gefrierschrank nehmen, damit es etwas weicher wird.

Für 6

97. Tropisches Fruchtsorbet

Zutaten:

- 2 Tassen geschälte und gehackte reife tropische Früchte (Guave, Ananas, Mango, Papaya)
- 1 Tasse Zuckersirup
- 2 Limetten
- 1 Tasse Vollmilch oder Buttermilch

Richtungen:

a) Die tropischen Früchte pürieren oder pürieren, dann durch ein feinmaschiges Sieb drücken, wenn Sie eine wirklich glatte Textur mögen.

b) Zuckersirup, fein abgeriebene Schale von 1 Limette und den Saft von beiden sowie die Milch unterrühren. In einen Gefrierbehälter füllen und mit dem einfrierenHandmischmethode, beim Einfrieren zwei- oder dreimal zerbrechen.

c) Bissfest einfrieren, dann in halbierte, kleine Ananasschalen oder Servierschalen löffeln und mit frisch geriebener Muskatnuss bestreuen. Mit kleinen tropischen Früchten wie Litschi oder Weintrauben oder gerösteten frischen Kokosraspeln servieren.

d) Dieses Eis kann bis zu 1 Monat eingefroren werden. 10 Minuten vor dem Servieren aus dem Gefrierschrank nehmen, damit es weich wird.

Ergibt ungefähr 1 1/2 Pints

98. Eisgekühlter Rhabarber-Genuss

Zutaten:

- 3 Tassen gehackter, getrimmter Rhabarber
- 1/2 Tasse superfeiner Zucker
- 1 bis 2 Teelöffel reiner Vanilleextrakt
- 1/4 Teelöffel gemahlener Zimt
- 1 Tasse Sahne, steif geschlagen
- 1 Tasse Naturjoghurt

Richtungen:

a) Rhabarber, Zucker und Vanille in einen kleinen Topf geben und ca. 8 Minuten köcheln lassen, bis sie sehr zart sind. Alternativ in der Mikrowelle auf mittlerer Stufe 3 oder 4 Minuten kochen lassen, dabei gelegentlich umrühren.
b) Früchte pürieren, Zimt unterrühren und kalt stellen.
c) Den pürierten Rhabarber, die Schlagsahne und den Joghurt unterheben.
d) In die Schüssel einer Eismaschine geben und nach Herstellerangaben verarbeiten

oder in einen Gefrierbehälter füllen und nach Anweisung einfrieren.

e) Wenn das Eis fest ist, vor dem Servieren kurz einfrieren oder bis es benötigt wird.

f) Dieses Eis kann bis zu 3 Monate eingefroren werden. 15 Minuten vor dem Servieren aus dem Gefrierschrank nehmen, damit es etwas weicher wird.

Ergibt ungefähr 2 1/4 Pints

99. Frisches Ingwereis

Zutaten:

- 2 Tassen Sahne
- 1 Tasse Vollmilch
- $\frac{3}{4}$ Tasse Zucker
- 1 (3 Zoll) Stück frische Ingwerwurzel, geschält und grob gehackt
- 1 großes Ei
- 3 große Eigelb
- 1 Teelöffel Vanilleextrakt

Richtungen:

a) Sahne, Milch, Zucker und Ingwer in einem großen Topf verrühren. Zum Köcheln bringen und rühren, bis sich der Zucker aufgelöst hat.
b) Vom Herd nehmen. Abdecken und auf Raumtemperatur abkühlen lassen. Die Mischung abseihen, um die gesamte Ingwerwurzel zu entfernen.
c) Milchmischung wieder zum Köcheln bringen.
d) Ei und Eigelb in einer großen Schüssel verquirlen. Wenn die Milchmischung zum Köcheln kommt, vom Herd nehmen und

sehr langsam in die Eimischung gießen, um sie unter ständigem Rühren zu temperieren.

e) Wenn die gesamte Milchmischung hinzugefügt wurde, wieder in den Topf geben und bei mittlerer Hitze unter ständigem Rühren weiterkochen, bis die Mischung dick genug ist, um den Rücken eines Löffels zu bedecken, 2 bis 3 Minuten. Vom Herd nehmen und Vanille einrühren.

f) Die Milchmischung abdecken und auf Raumtemperatur abkühlen lassen, dann 3 bis 4 Stunden oder über Nacht in den Kühlschrank stellen, bis sie gut gekühlt ist.

g) Die gekühlte Mischung in eine Eismaschine geben und nach Anweisung einfrieren.

h) Eiscreme in einen gefriersicheren Behälter umfüllen und in den Gefrierschrank stellen. Vor dem Servieren 1 bis 2 Stunden fest werden lassen.

100. Frisches Pfirsich-Eis

Zutaten:

- 2 Esslöffel nicht aromatisierte Gelatine
- 3 Tassen Milch, geteilt
- 2 Tassen Kristallzucker
- 1/4 Teelöffel Salz
- 6 Eier
- 1 1/2 Tassen halb und halb
- 1 kleine Schachtel Vanille-Instant-Pudding
- 1 Esslöffel Vanilleextrakt
- 4 Tassen zerdrückte Pfirsiche

Richtungen:

a) Gelatine in 1/2 Tasse kalter Milch einweichen. Verbrühen Sie weitere 1 1/2 Tassen Milch. Gelatinemischung einrühren, bis sie sich aufgelöst hat. Fügen Sie Zucker, Salz und die restliche 1 Tasse Milch hinzu.

b) Eier 5 Minuten bei hoher Geschwindigkeit schlagen.

c) Fügen Sie halb und halb, Puddingmischung, Vanilleextrakt und Gelatinemischung hinzu. Gut mischen. Pfirsiche einrühren.

d) Im Eis-Gefrierschrank nach Herstellerangaben einfrieren. 2 Stunden reifen.

Macht 1 Gallone

FAZIT

Die Eiscremes, die Sie aus diesem Buch zubereiten werden, sind genauso köstlich wie die, die wir in unseren professionellen Küchen herstellen – absolut cremig und löffelfähig, mit vielen Geschmacksrichtungen.

Ich hoffe, dass Sie in dieses Buch eintauchen und es zu Ihrem machen. Machen und essen Sie diese Rezepte immer wieder und seien Sie positiv von den Ergebnissen begeistert. Tropfen, nieseln und die Seiten nach Belieben markieren!

www.ingramcontent.com/pod-product-compliance
Lightning Source LLC
Chambersburg PA
CBHW071802080526
44589CB00012B/654